Damit unser Leben gelingen kann

Inhalt · Mit einer Geschichte, einem Märchen, einem Gedicht lassen sich die wirklich wichtigen Zusammenhänge unseres Lebens oft eindringlicher aufschließen als mit Fakten, statistischen oder theoretischen Darlegungen. Der Autor hat das mit etwa 40 Texten erprobt. Er bietet Stichworte an zur Auslegung und Vertiefung der Texte, dann ein Schriftwort und zum Ausklang ein Gebet.
Das Buch eignet sich in besonderer Weise für Gesprächsleiter im Bereich der Schule, Gemeinde- und Jugendarbeit, es bietet vielfältige Anregungen und Hilfen für Besinnungstage und Wortgottesdienste. Ein Stichwortverzeichnis läßt rasch einen geeigneten Text für eine bestimmte Situation finden.

Herausgeber · **Paul Jakobi,** geb. 1928; 1953 Priesterweihe; sechs Jahre Vikar; 1959–65 Diözesanjugendseelsorger; anschließend Bundespräses des BDKJ und Leiter der »Bischöflichen Hauptstelle für Jugendseelsorge«; seit 1974 Bundesverbandsbeirat der »Deutschen Jugendkraft« (DJK) und bischöfl. Beauftragter für den Bereich »Kirche und Sport«.

KF

Damit unser Leben gelingen kann

Erzählungen und Märchen,
aufgeschlossen für Gespräch
in Schule, Gemeinde und
Jugendarbeit

von Paul Jakobi

Matthias-Grünewald-Verlag · Mainz

CIP-Kurztitelaufnahme der Deutschen Bibliothek

Damit unser Leben gelingen kann : Erzählungen u. Märchen, aufgeschlossen für Gespräch in Schule, Gemeinde u. Jugendarbeit / von Paul Jakobi. – Mainz : Matthias-Grünewald-Verlag, 1981.
ISBN 3-7867-0861-4
NE: Jakobi, Paul [Hrsg.]

6. Auflage 1990

Umschlag: Peter Offenberg / Eliane Zimmermann (Foto: Hartmut Schmidt, Freiburg)
Frontispiz: Bronzerelief von Karl Franke, Düsseldorf (Bild: Foto Söhn)
Gesamtherstellung: Kösel, Kempten

Inhalt

Vorwort und Einführung

Der Düsseldorfer Bildhauer Karl Franke (Strümp) hat im Spätherbst 1978 ein Broncerelief geschaffen, dem er den Titel »Einer ist euer Meister« (Mt 23,8) gegeben hat. Dieses Werk, dessen Abbildung am Anfang des vorliegenden Buches abgedruckt wurde, stellt ein großes Ohr dar, in dem Maria, die zwölf Apostel und der heilige Paulus dem »Erzähler« Jesus gegenübersitzen. Alle befinden sich in der Haltung des Hörens, weil Jesus spannende Geschichten erzählt, die für ihr Leben von entscheidender Bedeutung sind. Paulus faßt sich an den Kopf, weil er für diese bisher nie geglaubten Wahrheiten taub gewesen ist. Maria, dem Erzählenden am meisten zugewandt, ist wie alle anderen Apostel »ganz Ohr«. Jesus, in lehrender Gebärde, kleidet die Wahrheiten, von denen er erzählt, in geheimnisvolle Bilder; Linien und Kreise, Weintrauben und Ähren weisen darauf hin. »Alles sagte Jesus der Menschenmenge durch Gleichnisse; er redete nur durch Gleichnisse zu ihnen. Damit sollte sich erfüllen, was durch den Propheten gesagt worden ist: Ich öffne meinen Mund und rede in Gleichnissen, ich verkünde, was seit der Schöpfung verborgen war« (Mt 13,34–35). Und lobend äußerte er sich über die Apostel mit den Worten: »Selig seid ihr, denn eure Augen sehen und eure Ohren hören« (Mt 13,16).
Es ist das Anliegen dieses Buches, in die Verkündigungstätigkeit Jesu einzutreten und das, was »seit der Schöpfung verborgen war«, mit den Formen heutiger Erzählkunst ein wenig mehr ans Tageslicht zu fördern. Wenn unser Leben nicht ein »Lauf ins Leere« (Sartre) sein soll, dann müssen wir immer wieder um die Deutung unseres Lebens im Lichte des Evangeliums bemüht sein. Erzählungen, gesättigt mit Menschlichkeit, Güte, Hoffnung und Erfahrung, können dabei helfen, indem sie die Botschaft Jesu in die Sprache unserer Zeit übersetzen. Sie wollen Aspekte dieser Botschaft den Hörenden offenbaren, aber sie auch den Tauben verhüllen. Zum Hören muß noch das Schweigen und das gegenseitige Erschließen, das gemeinsame Besprechen der Erzählungen hinzukommen.
Die Erzählungen, die in diesem Buch vorgelegt werden, sind im weitesten Sinne als solche zu verstehen. So wird der Leser Märchen und Legenden, Balladen und Geschichten, Gedichte und Parabeln, Erlebnisse und Berichte vorfinden. Es ging darum, durch die verschiedensten Schriftsteller, Dichter und »Erzähler« und durch die unterschiedlichsten Erzählformen möglichst viele Situationen des Menschen wie Krieg und Frieden, Himmel und Erde, Not und Freude, Gott und Menschen, Lebenshilfe und Glaubensvertiefung, Vergangenheit und Zukunft einzufangen. Wegen der Vielfältigkeit

des Lebens und der unsystematischen Konfrontation mit Ereignissen im Alltag wurde bewußt auf jede systematische Aufgliederung oder Zusammenfassung zu Themengruppen verzichtet. Alle Erzählungen zusammen machen die Botschaft aus und sind Lebens- und Orientierungshilfe. Ein ausführliches Stichwortverzeichnis, in dem der Hauptgedanke jeder Erzählung kursiv gedruckt ist, kann die Auswahl oder den Einstieg zu einer gewünschten Thematik erleichtern.

Alle Kapitel haben die gleiche Struktur. Am Anfang steht jeweils die Erzählung; sie ist von unterschiedlicher Länge und bewußt so ausgewählt. Da daran gedacht ist, dieses »Werkbuch« vor allem Gesprächsgruppen anzubieten, empfiehlt es sich, in der Regel zunächst die Erzählung vorzutragen. Daran sollte sich unbedingt ein Gespräch der Zuhörer anschließen, das zunächst unbeeinflußt von den »Anregungen für ein Gespräch« bleibt. Diese Anregungen wurden vornehmlich für den Gesprächsleiter niedergeschrieben, um ihm für den »Notfall« etwas Hintergrund und einige Diskussionsanstöße zu geben. Es liegt in der Natur der Sache, daß diese Anregungen subjektiv und einseitig sind; es sollte gerade das Anliegen der gemeinsamen Gespräche sein, über die hier vorgetragenen Gedanken hinauszukommen.

Da unser Leben nach einer Deutung im Lichte der Frohen Botschaft verlangt, könnte sich die Frage anschließen, wie sich die Heilige Schrift dieses Gesprächsgegenstandes annimmt und welche Hilfen sie anbietet, »damit unser Leben gelingen kann«. Die ausgewählten Bibeltexte, die der neuen Einheitsübersetzung der Heiligen Schrift entnommen wurden, sind austauschbar und ergänzungsbedürftig.

Am Schluß eines jeden Kapitels steht ein Gebet, das einige Gedanken aus der Erzählung, den Anregungen oder dem Schriftwort aufnimmt. Es wendet sich immer in der ersten Strophe an Jesus Christus und beschreibt sein einmaliges Leben, Handeln und Sprechen. In der zweiten Strophe wird dem Leben Jesu unser eigenes Leben mit einer ganz anderen Sicht- und Denkweise gegenübergestellt. Die dritte Strophe ist die Bitte an ihn, uns zu helfen, damit wir auf seinen Weg und damit in seine Nachfolge gelangen.

Das Buch wendet sich an Menschen, die ein wachsendes Interesse an Märchen und Erzählungen zeigen. Vor allem aber wendet es sich an Gruppen und Kreise, die nach einer vertieften Sicht des Lebens suchen, und an alle, die für das Gelingen des menschlichen Lebens und für die Ausbreitung einer menschlicheren Gesellschaft besondere Verantwortung übernommen haben. Schulklassen und Jugendgruppen, Diskussions- und Bibelkreise, Familien- und Nachbarschaftsgruppen, Firm- und Konfirmandengruppen, Vereinsvorstände und ökumenische Arbeitskreise könn-

ten in diesen Erzählungen neue Gesprächsgegenstände finden. Auch all denen, die im Dienste der Verkündigung und des Gottesdienstes stehen, sowie denen, die Konferenzen mit einem eigenen Akzent eröffnen möchten, soll mit dieser Zusammenstellung eine Hilfe angeboten werden. Besinnungstage sind besonders geeignet zur Besprechung dieser Erzählungen.
Ein Teil der hier vorgelegten Erzählungen wurde in Arbeitstagungen oder Gottesdiensten vorgetragen und im Gespräch »aufgeschlossen«. Der Verfasser brauchte die hier vorgetragenen Gedanken nur festzuhalten und niederzuschreiben. Die meisten Erzählungen aber wurden auf den vielen Reisen im D-Zug bearbeitet, die der spezielle pastorale Dienst des Verfassers notwendig macht. Das gleichmäßige Rattern des Zuges, die Gespräche im Abteil und die Inspirationen aus der herrlichen landschaftlichen Umgebung – Technik, Mensch und Natur – haben das Bemühen unterstützt, die Erzählungen für diese Zeit aufzuschließen.
Alle hier vorgelegten Erzählungen stehen in einem näheren oder entfernteren Zusammenhang zu der Botschaft Jesu, der auch im Erzählen der »Meister« war. Darum seien sie dem Leser mit dem Wort von kurt wolff anvertraut:

wer ohren hat
höre
wer augen hat
höre und sehe
wer hände hat
höre und sehe und tue
wer füße hat
höre und sehe und tue und gehe
wer einen mund hat
höre und sehe und tue und gehe und rede

und schweige
und schweige
und schweige
und rede

Düsseldorf, 1. Januar 1981 Paul Jakobi

Zwei Eisblöcke

Es waren einmal zwei Eisblöcke. Das Verhältnis zwischen ihnen war sehr kühl, was nicht verwunderlich ist. Der eine dachte: Warum kommt der andere nicht näher zu mir? Aber der Eisblock konnte nicht gehen und kommen. Da dachte der eine: Wenn der andere auftaut, dann taue ich auch auf. – Aber weil der Eisblock nicht von selbst auftaute, taute keiner von beiden auf.
So geschah es, daß niemand auf sie zukam, und jeder noch mehr in sich selbst vereiste. Nach Monaten – oder war es nach Jahren? – entdeckte der eine Eisblock eines Mittags, als die Sonne strahlte, daß er schmelzen konnte, und er sah, daß er sich zu Wasser verflüssigte, und daß er doch noch er selbst war. Auch der andere machte diese wunderbare Entdeckung. Über die ganz alltäglichen Wassergräben flossen sie aufeinander zu. Sie begegneten sich. Zwar spürten sie ihre Kälte noch, aber auch ihre Schwachheit und ihren guten Willen, ihre eigene Not und die von anderen. Sie fanden, daß sie einander nötig hatten und zusammenbleiben müßten.
Da kam ein Kind, und dann noch eins, und noch andere Kinder. Und die ließen kleine Schiffe auf dem großen, starken Wasser fahren. Sie hörten, daß die Kinder glücklich waren. Und diese Freude spiegelte sich wie eine Sonne im Wasser.

P. Cornelis

Anregungen für ein Gespräch

- Der eine Eisblock wartet auf den anderen. Wenn der auftaut, taue ich auch auf; wenn der nicht will, dann will ich auch nicht. So werden Menschen nie zueinander finden, wenn der andere immer den ersten Schritt tun soll. Wie sollen die Mauern eingerissen werden, die ich um mich gebaut habe, die Selbstherrlichkeit, der Stolz, der Eigensinn, die Ichbezogenheit? Je mehr ich mich in mich selbst zurückziehe, desto schwerer mache ich den anderen den Zugang zu mir. Die notwendige Kommunikation ist nicht möglich.
- Vielleicht ist einer so in sich verschlossen, daß er selbst aus sich nicht heraus kann. »Keiner kann aus seiner Haut«, sagen die Leute. Es ist so, als ob er den Schlüssel verloren hätte, um von innen das Tor aufzuschließen. Sie leiden unter ihrer Abgeschlossenheit, aber sie zeigen es nicht. Sie tun so, als ob sie sich wohlfühlten.

Dann muß das Tor *doch* von außen geöffnet werden. Wenn aber kein Schlüssel da ist? Wenn die traditionellen Methoden nicht möglich sind, die Tür zu öffnen? Dann muß sie gesprengt werden.

- Liebe ist Sprengstoff, die Türen öffnet.
- Liebe ist Sonne, die Eisberge zum Schmelzen und Menschen zur Begegnung führt. Sie ist das Wunder mitten im Alltag, das mich in einen anderen Zustand versetzen kann. Ich denke über mich neu nach; ich wundere mich über mich selbst.
- Wenn ich auftaue, taut auch der andere auf. Oft muß man über seinen Schatten springen, um zum anderen zu kommen. Wo die Sonne das Eis auftaut, verschwindet auch der Schatten. Die Begegnung wird leichter.
- Es gibt Menschen, die sind so selbstlos, so bescheiden, so gütig, so demütig, so hilfsbereit, daß sie wie Sonnen sind, die das Eis, das im anderen steckt, zum Schmelzen bringen.

Glückliche Menschen sind das!

- Wo keiner mehr helfen kann, wo alle Menschen versagen, da bleibt noch die Sonne Gottes, die in Jesus von Nazareth die Menschen anstrahlt und Eisberge zum Schmelzen bringt. Jesu Güte, Barmherzigkeit und Versöhnung ist eine Wärme, der man so leicht nicht widerstehen kann.
- Die Menschen brauchen sich. Oft tun sie so, als ob sie allein zurecht kämen. Aber das ist eine Täuschung. Familien, Vereine, Mannschaften, Völker sind stärker und widerstandsfähiger, wenn sie zusammenhalten.
- »Öffne das Herz der Menschen und du findest darin eine Sonne«, sagt die Mutter der Müllmenschen in Kairo.
- Menschliches Miteinander verändert die Umgebung. Man ist gern in der Nähe derer, die sich verstehen und die gut zueinander sind; hier kann man sich wohlfühlen. Kindern wird Geborgenheit und Sicherheit geschenkt; das ist wichtiger als Reichtum und Wohlstand. Menschen, die sich verstehen, machen andere glücklich.

Schrifttext

Da trat eine Frau die schon zwölf Jahre an Blutungen litt, von hinten an ihn heran und berührte den Saum seines Gewandes; denn sie sagte sich: Wenn ich auch nur sein Gewand berühre, werde ich geheilt. Jesus wandte sich um, und als er sie sah, sagte er: Hab keine Angst, meine Tochter, dein Glaube hat dir geholfen. Und von dieser Stunde an war die Frau geheilt (Mt 9,20–22).

Gebet

Herr Jesus Christus,
du bist die Sonne,
die Licht gibt und Wärme,
die leuchtet und strahlt.

Wir sind wie Eisberge,
kalt, gefühllos, verschlossen.
Wir haben wenig Kontakt zu anderen.

Taue uns auf.
Laß unsere Herzen zueinander fließen,
damit auch durch uns
Freundlichkeit und Güte
in die Welt kommen
und die Menschen
in unserer Nähe
glücklicher werden.

Die Kupfermünze

Einmal hatte ich eine Zeitlang in China gelebt. Ich war im Frühling in Shanghai angekommen und die Hitze war mörderisch. Die Kanäle stanken zum Himmel, und immer war der ranzige, üble Geruch von Sojabohnenöl in der Luft. Ich konnte und konnte mich nicht eingewöhnen. Neben Wolkenkratzern lagen Lehmhütten, vor denen nackte Kinder im Schmutz spielten. Nachts zirpten die Zikaden im Garten und ließen mich nicht schlafen. Im Herbst kam der Taifun, und der Regen stand wie eine gläserne Wand vor den Fenstern. Ich hatte Heimweh nach Europa. Da war niemand, mit dem ich befreundet war und der sich darum kümmerte, wie mir zumute war. Ich kam mir ganz verloren vor in diesem Meer von fremden gelben Gesichtern. Und dann kam Weihnachten. Ich wohnte bei Europäern, die chinesische Diener hatten. Der oberste von ihnen war der Koch, Ta-tse-fu, der große Herr der Küche. Er radebrechte deutsch und war der Dolmetscher zwischen mir und dem Zimmer-Kuli, dem Ofen-Kuli, dem Wäsche-Kuli und was es da eben sonst noch an Dienerschaft im Haus gab.

Am Heiligen Abend, und ich saß wieder einmal verheult in meinem Zimmer, überreichte mir der Ta-tse-fu ein Geschenk.
Es war eine chinesische Kupfermünze mit einem Loch in der Mitte, und durch das Loch waren viele bunte Wollfäden gezogen und dann zu einem Zopf zusammengeflochten. »Ein sehr altes Münze«, sagte der Koch feierlich. »Und die Wollfäden gehört auch dir, Wollfäden sind von mir und meine Frau und von Zimmer-Kuli und sein Schwester und von Eltern und Brüder von Ofen-Kuli – von uns allen sind die Wollfäden.«
Ich bedankte mich sehr. Es war ein merkwürdiges Geschenk – und noch viel merkwürdiger, als ich zuerst dachte. Denn als ich die Münze mit ihrem bunten Wollzopf einem Bekannten zeigte, der seit Jahrzehnten in China lebte, erklärte er mir, was es damit für eine Bewandtnis hatte: Jeder Wollfaden war eine Stunde des Glücks. Der Koch war zu seinen Freunden gegangen und hatte sie gefragt: »Willst du von dem Glück, das dir für dein Leben vorausbestimmt ist, eine Stunde des Glücks abtreten?« Und Ofen-Kuli und Zimmer-Kuli und Wäsche-Kuli und ihre Verwandten hatten für mich, für die fremde Europäerin, einen Wollfaden gegeben, als Zeichen, daß sie mir von ihrem eigenen Glück eine Stunde des Glücks schenkten. Es war ein großes Opfer, das sie brachten. Denn wenn sie auch bereit waren, auf eine Stunde ihres Glücks zu meinen Gunsten zu verzichten – es lag nicht in ihrer Macht, zu bestimmen, welche Stunde aus ihrem Leben es sein würde. Das Schicksal würde entscheiden, ob sie die Glücksstunde abtraten, in der ihnen ein reicher Verwandter sein Hab und Gut verschrieben hätte, oder ob es nur eine der vielen Stunden sein würde, in der sie glücklich bei Reiswein saßen; ob sie die Glücksstunde wegschenkten, in der das Auto, das sie sonst überfahren hätte, noch rechtzeitig bremste – oder die Stunde, in der das junge Mädchen vermählt worden wäre.
Blindlings und doch mit weit offenen Augen machten sie mir, der Fremden, einen Teil ihres Lebens zum Geschenk.
Nun ja, die Chinesen sind abergläubisch. Aber ich habe nie wieder ein Weihnachtsgeschenk bekommen, das sich mit diesem hätte vergleichen lassen. Von diesem Tag an habe ich mich in China zu Hause gefühlt. Und die Münze mit dem bunten Wollzopf hat mich jahrelang begleitet.
Eines Tages lernte ich jemanden kennen, der war noch übler dran als ich damals in Shanghai. Und da habe ich einen Wollfaden genommen, ihn zu den andern Fäden dazugeknüpft – und habe die Münze weitergegeben.

Joe Lederer

Anregungen für ein Gespräch

• Die Fremde kann einem sehr zu schaffen machen. Natürlich hat jedes Land seine Reize und Schönheiten; aber wenn man wie entwurzelt ist, kann man mit Blindheit geschlagen sein. Die herrliche Natur, das Exotische, das ganz Andere wird zwar gesehen; es bedeutet einem jedoch nichts.
Das Heimweh überlagert alles.

• Besonders qualvoll sind Tage und Ereignisse in der fremden Welt, die schöne Erinnerungen wecken und den Abstand zwischen dem früheren Glück und der heutigen Not besonders erkennbar machen.

• Das Gesicht eines Menschen verrät das Innere; es kann Freude schenken und Angst einjagen. Das Gesicht kann wie eine wärmende Sonne sein, aber auch kalt wie ein Stein. Es ist erstaunlich, daß nicht nur vom Gesichtsausdruck, sondern auch von der Gesichtsfarbe soviel abhängt. Wer im Vordergrund, im Außen des Gesichts bleibt, wird ihm nicht gerecht.

• Überall gibt es gute Menschen. Wir sollten das Vertrauen nicht verlieren und jederzeit mit ihnen rechnen. Auch da, wo wir sie gar nicht vermuten, sind sie zu finden: unter Bewachern von Gefangenen im Kriege, bei den Autofahrern im Straßenverkehr, in den Armenvierteln der Städte, in den Villen der Millionäre.
Oft ist es nur »eine Handvoll Menschlichkeit« – eine Andeutung, eine Geste, ein Lächeln. Schon ein solches unbedeutendes Zeichen kann eine Lage verändern.

• Geschenke sind bei uns mit Geld verbunden. Sie müssen teuer sein, um zu überzeugen. Je wertvoller das Geschenk ist, um so mehr können wir zeigen, was wir uns für den anderen kosten lassen. Daß der andere dadurch oft erdrückt wird vom Gewicht des wertvollen Geschenkes, nehmen wir gar nicht zur Kenntnis.
Das Herz des anderen wird nicht erreicht.
Auch Schenken ist eine Kunst. Es hat nur dann einen Wert, wenn der andere verändert wird, wenn sein Gesicht leuchtet. Bert Brecht sagt von diesen, die wirklich beschenkt wurden:

»Schöner ist doch keine Rose
als das Antlitz der Beschenkten.«

• Zum Schenken gehört das Teilen, sogar das Risiko des Teilens: Ich weiß nicht, welche »Stunde« ich abgebe. Wenn nur mit dem Schenken der Wunsch sich verbindet: Ich will mein Glück teilen.

• Schenken ist keine Pflichtübung und kein Alibi. Schenken verträgt nicht das Motiv der Berechnung; Berechnung ist auf das eigene Ich, Schenken ist auf das Du gerichtet.

- Es gibt neben der Kupfermünze noch andere »merkwürdige« Geschenke: den Besuch, das Gespräch, die Zeit, die Zusage, das Dasein für andere, die Versöhnung.
- Auch Gott wollte sein Glück teilen. Die Herrlichkeit des Himmels sollte nicht nur für ihn sein. Darum schenkte er uns seinen Sohn: die Geburtsstunde Jesu in dieser Welt. Es ist die schönste Stunde Gottes und der Menschen. Mit dieser »Stunde des Glücks« wollte er unser »Herz aus Stein« verwandeln in ein Herz aus Liebe. Die wenigen, die glücklich sind, müssen ihr Glück teilen, damit viele davon leben können.

Schrifttext

Es kam ein Mann zu Jesus und fragte: Meister, was muß ich Gutes tun, um das ewige Leben zu gewinnen? Er antwortete: Was fragst du mich nach dem Guten? Nur einer ist »der Gute«. Wenn du aber das Leben erlangen willst, halte die Gebote! Darauf fragte er ihn: Welche? Jesus antwortete: Du sollst nicht töten, du sollst nicht die Ehe brechen, du sollst nicht stehlen, du sollst nicht falsch aussagen; ehre Vater und Mutter! Und: Du sollst deinen Nächsten lieben wie dich selbst! Der junge Mann erwiderte ihm: Alle diese Gebote habe ich befolgt. Was fehlt mir jetzt noch? Jesus antwortete ihm: Wenn du vollkommen sein willst, geh, verkauf deinen Besitz und gib das Geld den Armen; so wirst du einen bleibenden Schatz im Himmel haben; dann komm und folge mir nach (Mt 19,16–21).

Gebet

Herr Jesus Christus,
du warst in der Herrlichkeit des Himmels,
du warst in Reichtum, Frieden und Glück.
Aber du hast dein Bei-Gott-sein
nicht festgehalten,
sondern bist Mensch geworden,
um dein Glück mit uns zu teilen.

Wir sind ganz anders:
wenn wir glücklich sind,
möchten wir diesen Zustand für uns festhalten
und nichts davon an andere abtreten.

Mache unser Herz aus Stein zu einem Herz aus Fleisch,
damit wir Stunden unseres Glücks
abgeben können für andere,
die noch übler dran sind als wir,
um sie dadurch etwas glücklicher zu machen.

Die Geschichte der Häuser, die für unbewohnbar gehalten wurden

Eines Tages kam ein Engel vom Himmel um zu sehen, was in den Wohnungen unseres Vaters geschah. Es hatten sich nämlich viele Leute, als sie den Himmel erreichten, darüber beklagt und erklärt, daß sie auf der Erde keine Wohnung im Hause des Vaters gefunden hätten.
Die Einwohner des Himmels waren erstaunt, und Gott beschloß, einen Engel auf die Erde zu schicken, um zu sehen, was dort geschah.
Als der Engel auf der Erde ankam, klopfte er an alle Türen und Fenster, die die Wohnungen des Vaters hatten. Aber alle Häuser waren geschlossen und die Schlüssel verschwunden; die Einwohner waren geflohen, und überall standen große Plakate mit der Aufschrift: »Unbewohnbar«.
Nur einige Häuser waren bewohnt. Die anderen waren leer. In den wenigen bewohnten Häusern lebten besondere Personen: die die fünf Kirchengebote beachteten; die sonntags den Gottesdienst besuchten; die Ritenpfleger; einige Lehrer des Kirchenrechts; einige Moralisten und Kirchenfürsten. Diese Personen waren die einzigen Bewohner in den Wohnungen des Vaters geblieben; alle anderen Häuser waren leer. Warum? Um das zu wissen, rief der Engel die wenigen, die in der Wohnung des Vaters noch lebten, zusammen und fragte, wo die anderen Einwohner sich versteckt hätten und warum diese Häuser für »unbewohnbar« gehalten würden.
Die Personen, die noch in den Wohnungen des Vaters lebten, erklärten dem Engel, daß sie die Gedanken und Absichten Gottes vom geistlogischen, denklogischen, hierarchischen, aristokratischen, kirchlichen und heilsgeschichtlichen Standpunkt aus studiert hätten.
Sie hätten herausgefunden, daß sie und nur sie das Recht hätten, im Hause Gottes zu wohnen; daß sie und nur sie diese Wohnungen benutzen könnten.
Aus diesen Gründen hätten sie nach und nach die Aufenthaltserlaubnisse zurückgezogen und die Häuser für »unbewohnbar« erklärt.

Die Ohren des Engels summten unter dieser Lawine von Erklärungen. Er hatte begriffen und wurde deshalb sehr, sehr traurig. Er rief Gott an und bekam folgende Anweisung:
»Geh in die Stadt. Bestelle neue Schlüssel. Schütze die Häuser. Öffne alle Türen und Fenster. Nimm die Plakate weg und lösche das Wort »unbewohnbar« aus. Und auf die Plakate schreibe neue Namen.«
Und Gott diktierte dem Engel ein langes Verzeichnis von Namen.
Sofort begann der Engel mit der Arbeit. Er bestellte neue Schlüssel. Er forderte eine Reinigungsfirma und ein Bauunternehmen zur Wiederherstellung und Renovierung vieler Häuser an. Er selbst kaufte Farbe und Pinsel und malte die neuen Plakate.
Jetzt standen auf den Plakaten die Namen neuer Bewohner: »Die Armen; die Hungernden; die Trauernden; die Verbannten; die Ausländer; die Friedfertigen; die Barmherzigen; die Friedensstifter; die Betrübten; die Verfolgten; die Sünder; die Strafgefangene besuchen; die Pilger kleiden; die Kranke besuchen; die verfolgt werden und Unrecht leiden um der Gerechtigkeit willen; die den Armen helfen« usw. usw. Die Sonne trocknete die bunten Schriften, und der Engel befestigte ein neues Plakat über der Tür eines jeden renovierten Hauses. Die wenigen Leute, die noch in den Wohnungen des Vaters wohnten, konnten nichts verstehen und fragten den Engel, woher er das Recht habe, das zu tun. Der Engel antwortete: »Der Allerhöchste hat es befohlen.«
Als alles fertig war, publizierten alle Zeitungen einen offenen Brief. Auch im Radio und im Fernsehen konnte man folgende Mitteilung hören und sehen: Ein neues Haus wartet auf diejenigen, die nach einem Platz in den Wohnungen des Vaters suchen. Man muß nur die Plakate über den Türen der Häuser lesen und diejenigen, die sich mit einer der Überschriften identifizieren können, dürfen dort wohnen. Die andern, die noch in den Wohnungen des Vaters wohnten, konnten dort bleiben unter der Bedingung, daß sie in der einen oder anderen Gruppe mitmachten.
So wurden die irdischen Wohnungen des Vaters für die Menschen, für alle Menschen guten Willens, wieder bewohnbar.

aus Flandern

Anregungen für ein Gespräch

• Der Streit um die Zugehörigkeit zur Kirche ist so alt wie die Kirche selbst. Schon Augustinus hat geschrieben: »Viele die drinnen scheinen, sind draußen, und viele, die draußen scheinen, sind drinnen.« Es ist ein Unrecht, sich gegenseitig aus der Kirche auszuschließen und die Häuser anderer Menschen für »unbewohnbar« zu erklären.

- Pluralität ist kein Nachteil, wie viele meinen, sondern Reichtum; sie ist Ausdruck von Leben. Auch die Kirche ist kein Betonklotz, sondern vielfältig und lebendig wie ein Blumenfeld. Wer die Pluralität in der Kirche nicht akzeptiert, ist eher versucht, den anderen für nicht mehr orthodox zu erklären. Die Kirche wäre ärmer, wenn es nur eine Richtung gäbe; auch das Gespräch würde in den Hintergrund treten, das aber förderlich und unumgänglich für Wahrheitsfindung ist.
- In der Kirche darf es nicht um Macht oder Rechthaberei gehen, sondern Dienst und Hingabe sind notwendig. Die Frage heißt nicht: Was habe ich von der Kirche? sondern: Was bringe ich in die Kirche ein? Diese Frage gilt auch für andere Gruppen, Gemeinschaften und Verbände.

»Eine Gemeinschaft ist nicht die Summe von Interessen, sondern die Summe von Hingabe« (Exupéry).

- Die erste Gruppe ist in der Kirche sehr groß. Es handelt sich um die Christen, die gewissenhaft ihre Pflicht erfüllen. Man kann ihnen kaum etwas vorwerfen; peinlich achten sie darauf, alle Gebote und Anordnungen zu befolgen. Und wenn sie alles, was aufgegeben wurde, getan haben, können sie selbstsicher feststellen: Gott wird sicherlich mit mir zufrieden sein.

Ihr Herz aber ist weit weg!

In der Kirche gibt es viele Formalisten; sie neigen zur Selbstgerechtigkeit und verurteilen gern andere, die eine rein äußere Erfüllung der Gebote – nur um das Gebot erfüllt zu haben – nicht mitmachen.

Zu viele Regeln und Gebote zerstören Sitte und Moral. Es muß ein Spielraum bleiben, der Raum gibt für Freiwilligkeit und Herz. Die Tat aus Liebe ist besser als die Tat aus Angst und Gehorsam.

- Die zweite Gruppe steht denen nahe, die in der Bergpredigt beschrieben werden. Sie tun das, was die meisten nicht tun: Strafgefangene besuchen, Armen helfen, Pilger kleiden. Ihr Tun ist eine Aufforderung zur Korrektur des Lebensweges – und das ist ärgerlich.
- Auch andere gehören zur zweiten Gruppe: Arme, Hungernde, Trauernde, Verbannte, Ausländer und viele mehr. Sie alle sind eine Herausforderung an uns. Ihnen muß geholfen werden; wir müssen uns an ihnen bewähren.

Für uns sind sie oft lästige Menschen, die man sich gern vom Halse hält.

- Vielleicht hat die Nachbarschaft oder die Gemeinde oder der Verein nicht funktioniert!
- Jesus hatte gerade für sie eine Schwäche; er hatte sie in sein Herz

geschlossen. Fast auf jeder Seite der Hl. Schrift werden sie genannt. Daher hatte er auch ihnen die Wohnungen renoviert.

- Ihr Leben selbst, ihre Not, ihre Güte, ihr Schuldbewußtsein war der Schlüssel zu ihren Wohnungen.
- Gehören wir zur ersten Gruppe oder zur zweiten? Gehören wir zu beiden?
- Gott schließt nie aus – wie die Menschen –, sondern lädt ein in sein Haus. Alle dürfen kommen und Wohnung bei ihm nehmen. Bei ihm sind viele Wohnungen.
- Wer ist dieser Engel, den der Allerhöchste schickt?

Ist es Jesus? Ein Prophet?
Ist es ein Mensch? Du? Ich?

Schrifttext

Euer Herz lasse sich nicht verwirren. Glaubt an Gott, und glaubt an mich! Im Haus meines Vaters gibt es viele Wohnungen. Wenn es nicht so wäre, hätte ich euch dann gesagt: Ich gehe, um einen Platz für euch vorzubereiten? Wenn ich gegangen bin und einen Platz für euch vorbereitet habe, komme ich wieder und werde euch zu mir holen, damit auch ihr dort seid, wo ich bin (Joh 14,1–3).

Gebet

Herr Jesus Christus,
du bist der Allerhöchste und Gottes Engel in einem.
Du hast für alle Menschen Wohnungen bereitet;
alle sollen bei dir wohnen.

Wir aber gönnen das dem anderen nicht,
dem Nachbarn, dem Vereinsmitglied,
dem Fremden, dem Andersdenkenden.
Darum schließen wir ihn aus.

Mache uns klar,
daß wir alle einen Vater haben
und darum untereinander Brüder und Schwestern sind.

Die Blume und der Kolibri

Es war einmal eine kleine Blume – und wer sich selbst kennt, weiß, wen ich meine – also: es war einmal eine kleine Blume, die stand mitten in der Wüste, war es nun eine Wüste aus Sand oder aus Stein oder aus Geld; jedenfalls war es eine Wüste.
Täglich wartete die kleine Blume auf einen Regentropfen. Immer hatte man ihr erzählt, wie wichtig und schön der Regen sei. Doch wenn es wirklich nach Regen roch, kamen die Geier und fingen alle Hoffnung ab.
Mit Mühe hielt sich die kleine Blume im lockeren Boden und hatte einfach Angst, Angst vor der sengenden Hitze, Angst vor der Einsamkeit, Angst vor dem nächsten Sturm. Ein Kolibri sah ihre Traurigkeit und sagte dies den anderen Tieren weiter.
Der Stier hatte kein Interesse. Für ihn galt nur, was stark ist. Auch der Bernhardiner blieb kalt, ihn rührte nichts. Sein Hobby war die Langeweile. Und die Elster, die immer so große Töne schwang, sagte, sie habe zu viele Termine und wirklich keine Zeit.
Da war der Kolibri verzweifelt; denn was sollte er, ausgerechnet der Kleinste, tun? Es konnte doch nicht wahr sein, daß sich die anderen Tiere drückten!
Da schwirrte er kurzentschlossen zu den Ameisen und berichtete ihnen von der großen Traurigkeit der Blume. Ohne zu zögern, bildeten die kleinen Tiere eine lange Kette, schleppten Grassamen und Früchte bis an die Wurzel des Kummers, benetzten alles ein wenig mit Tau, und es dauerte nicht lange: da wuchs Leben mitten in der Wüste, und die kleine Blume entwickelte sich zu einem strahlenden Glanz, den ihr niemand zugetraut hatte. Und alles war nur möglich, weil der Kolibri die Ameisen benachrichtigte.

Peter Spangenberg

Anregungen für ein Gespräch

- Wer ist mit der kleinen Blume gemeint, die mitten in der Wüste steht: das Unbedeutende, das Unscheinbare, Arme, Menschen, die nichts gelten? Oder sind diejenigen angesprochen, die im Reichtum, in der Phantasielosigkeit oder in der Isolation leben? Oder hat der Erzähler die Kirche, das Christentum, die Religion im Auge, die sich nur schwer in der säkularisierten und technisierten Welt behaupten können?

Viele Vergleiche sind möglich.

- Die Blume kannte den Regen nur vom Erzählen. Obwohl sie ihn selbst nie erlebt hat, war ihr Verlangen groß, sich von Regentropfen zu ernähren. Sie war durch das Erzählen der anderen überzeugt worden, daß Regen lebenswichtig und schön ist.

So wirksam ist das Erzählen.

So bedeutsam auch ist das Erzählen von Gott. Wo über ihn nicht gesprochen wird, ist kein Glaube möglich.

- Das Kleine ist hilflos; es bedarf des Schutzes – wie die Blume. Die Geier denken nur an sich; sie haben kein Interesse am Leben der Blume.

Was ist schon eine Blume?

- Aber es gibt auch andere, die das Kleine beachten. Sie wissen vielleicht, wie sehr das Kleine zwischen Angst und Sorglosigkeit, Einsamkeit und Geborgenheit, Traurigkeit und Freude, Skepsis und Zutrauen, Ausgeliefertsein und Hoffnung lebt. Darin stecken Chancen und Gefahren. Aus diesen Gründen bedarf es der Beachtung und Hilfe.
- Man möchte meinen, daß die Starken in der Welt, die Reichen, die Tüchtigen, die Gescheiten aufgrund ihrer Möglichkeiten für Hilfeleistung nur so geschaffen wären. Darum geht der Kolibri – der kleinste Vogel der Welt – auch ganz selbstverständlich zu ihnen: zum Stier, zum Bernhardiner, zur Elster. Aber die Großen haben ihre eigenen Interessen, ihre Verpflichtungen und Ausflüchte.

Die Erzählung lehrt: Wenn du Hilfe brauchst, gehe zu denen, die viel Arbeit und wenig Zeit haben, die ein Herz haben und nicht eingebildet sind, die innerlich so klein, bescheiden und demütig sind, daß sie die Not der »kleinen Blume« verstehen und sich mit ihr solidarisieren können. Der Kolibri entdeckt alle diese Eigenschaften in den Ameisen.

- Der Kolibri selbst ist klein. Aber er teilt uns mit seiner erfolgreichen Bemühung um die kleine Blume zwei wichtige Erfahrungen mit. Erstens: Einer allein kann es nicht schaffen; er braucht Bundesgenossen. Darum fliegt er von einem zum anderen. Es kommt darauf an, die richtigen Leute anzusprechen. Oft sind es nicht diejenigen, die im ersten Glied stehen oder durch ihr Benehmen auffallen. Die Suche nach Helfern kann kräfte- und zeitraubend sein. Aber man sollte vor diesem Aufwand nicht zurückschrecken; er zahlt sich schließlich aus.

Zweitens: Auch das Kleine kann in dieser Welt viel leisten und bewirken. Der Einsatz des kleinen Kolibri hat die Blume gerettet! Ob wir nicht unser Urteil über das Kleine und Unbedeutende überdenken müssen?

- Der aufmerksame Leser wird in der Erzählung eine nachdenklich machende Akzentverschiebung entdecken. Wer ist am Ende der Hilfsbedürftige: die Blume oder diejenigen, die sich der Hilfeleistung versagt haben?

- Am Schluß der Erzählung heißt es: »Die kleine Blume entwickelte sich zu einem strahlenden Glanz.« Not, Verlorenheit, Hunger und Einsamkeit werden bei den Betroffenen ihre Spuren hinterlassen. Durch die Güte und den Einsatz der Helfer können diese Spuren beseitigt werden. Der Mensch wird durch erfahrene Liebe schön.
- Wir Menschen haben nicht nur Augen für uns, sondern auch Augen für andere. Wenn wir uns selbst ganz sehen wollen, brauchen wir schon einen Spiegel; der andere aber kommt uns direkt und total vor Augen. Die Funktion unserer Augen wird dann nicht erfüllt, wenn wir sie vor dem Nächsten und seiner Not verschließen.

Schrifttext

Sie kamen nach Betsaida. Da brachte man einen Blinden zu Jesus und bat ihn, er möge ihn berühren. Er nahm den Blinden bei der Hand, führte ihn vor das Dorf hinaus, bestrich seine Augen mit Speichel, legte ihm die Hände auf und fragte ihn: Siehst du etwas? Der Mann blickte auf und sagte: Ich sehe Menschen; denn ich sehe etwas, das wie Bäume aussieht und umhergeht. Da legte er ihm nochmals die Hände auf die Augen; nun sah der Mann deutlich. Er war geheilt und konnte alles ganz genau sehen (Mk 8,22–25).

Gebet

Herr Jesus Christus,
du bist mit offenen Augen
über diese Erde gegangen.
Du hast Kranke und Hungrige und Verzweifelte
gesehen
und ihnen deine Liebe geschenkt.
Blinden hast du die Augen geöffnet.

Sind nicht wir heute die Blinden?
Wir wollen nur uns selber sehen.
Wir über-sehen das Kleine und Unbedeutende.
Wir schließen die Augen vor der Not der anderen.
Gründe dafür haben wir genug.

Mache uns sehend.
Laß uns erkennen,
daß das Kleine von dir auserwählt wurde,
um das Große zu beschämen.
Zerstöre unsere aufgeblasene Eitelkeit
und zeige uns,
wie sehr wir selbst die Hilfe von andern gebrauchen,
je mehr wir unsere Unterstützung anderen verweigern.

Jeder Mensch ist ein König

im vorigen Jahr habe ich in düsseldorf
eine kunstausstellung gesehen
in düsseldorf im ehrenhof
da lag vor dem eingang zur ausstellung
draußen
ein riesenbaumstamm
ganz verbrannt quer auf dem weg
so daß jeder besucher
dagegenlaufen mußte
ein riesenbaumstamm
ganz schwarz verbrannt
und wenn man was näher hinsah
dann konnte man ganz schwach die
konturen
eines menschen erkennen
und unten am fuß
des riesigen schwarzverbrannten baumstammes
war eine eisengußplatte aufgeschraubt
und auf der platte standen
in eisen gegossen
die worte

jeder mensch ist ein KÖNIG
diese inschrift überraschte
ein riesenschwarzverbrannter baumstamm

liegt da am boden
mit der platte und der inschrift
jeder mensch ist ein könig

der künstler
ein ganz bekannter künstler
anatol herzfeld
der befreundet ist mit professor beuys
kämpft darum
sein ganzes schaffen geht darum
das allen menschen einzuhämmern
daß der mensch ein könig ist

jeder

und da liegt nun der mensch
verbrannt, verstümmelt

und da sitzen und stehen wir nun
wir menschen wir alle
auch wir
ja verstümmelt
verängstigt
unerlöst
gar nicht königlich
unter zwängen und ängsten
unfrei
jeder mensch ist ein könig

jeder mensch ist dazu
in die welt gekommen
ein könig zu sein
so könig zu sein
nicht andere zu beherrschen
sondern andere zu erlösen
daß auch sie könig werden

in dem sinne war jesus christus könig
in einem befreienden sinne

nicht in einem triumphalistischen sinne
wie es manchmal ausgelegt wurde

er war könig
in dem sinne wie jeder mensch
könig sein könnte und müßte
jeder mensch ist ein könig
dazu ist jeder in die welt gekommen
um könig zu sein
könig zu werden

Wilhelm Willms

Anregungen für ein Gespräch

- Daß der Baumstamm ganz schwarz verbrannt war und man darin nur schwach die Konturen eines Menschen erkennen konnte, sind Hinweise auf eine schreckliche Wirklichkeit: es können Menschen so geschändet, mißhandelt, gedemütigt und entstellt werden, daß sie kaum noch menschliche Züge tragen. Unter der Folter können sie willenlos, gefügig, unterwürfig wie geschlagene Tiere gemacht werden. Sie winseln um ihr Leben. Nichts mehr von Stolz und menschlicher Würde.

Was wir heute alles können! Wir haben die »Gewalt«, Menschen so zu verändern, daß sie kaum noch als solche zu erkennen sind.

- Baumstamm und Mensch – das weckt Assoziationen. Wer würde nicht an einen Menschen erinnert, der so sehr an einen Baumstamm genagelt war, daß beide zu einem Cruci-fixus wurden? Sind die Konturen eines Menschen im schwarzverbrannten Baumstamm nicht ein Hinweis auf den Gekreuzigten?
- Quer auf dem Weg liegt dieser Stamm, vor dem Eingang. Keiner kann daran vorbei; niemand kann sagen: Ich habe ihn nicht gesehen. Der Hungrige, der Benachteiligte, der Verängstigte, der Geschlagene – im Gekreuzigten – liegt mitten auf dem Weg. Drübersteigen oder zupacken – das ist die Alternative.
- »Was ist der Mensch?« Das ist die Grundfrage des Abendlandes. Bert Brecht klagt: »Es weiß seit langer Zeit niemand mehr, was ein Mensch ist«, und Karl Rahner: »Eine theologische Anthropologie ist eine noch unerfüllte Aufgabe der Theologie«.

Wenn man nicht weiß, was ein Mensch ist, braucht man sich über Ausschreitung, Mißachtung und Zerstörung des Menschen nicht zu wundern.

• Wir erleben heute einen Wertverfall des Menschen. Inflation nennt man das in der Geldwirtschaft! Wenn das Menschenleben doch keinen Wert mehr hat, kann man es vernichten, Außenseiter abschieben, Ungeborene abtreiben.
• Gegen alle diese Auffassungen sagt der Künstler: »Jeder Mensch ist ein König.« Und damit man diese Aussage nicht zerstören kann, sind die Worte in Eisen gegossen.
• Der Leser beachte den Gegensatz von Baumstamm und Inschrift!
• Noch werden wir nicht aus dem Bild entlassen. Der schwarzverbrannte Baumstamm steht nicht nur für andere – die Mißachteten, nicht nur für den Gekreuzigten, sondern auch für jeden von uns. Leben wir nicht auch in Ängsten, in Schuld, in Zwängen, unfrei?
Dennoch: Jeder Mensch ist ein König, das heißt: Jeder hat eine Würde.
Jeder!
• Dazu ist jeder in die Welt gekommen. Jeder muß für die Würde des Menschen eintreten.
Was ist Würde des Menschen? Woher kommt sie? Kann man sie sich selbst geben? Kann man sie auch verlieren?
• Jeder Mensch ist ein König; jeder hat seine Würde; und jeder hat sie von Gott bekommen. Jeder Mensch – ohne eine einzige Ausnahme – ist nach dem Ebenbild Gottes geschaffen. »Lasset uns den Menschen machen nach unserem Bild« (Gen 1,26). Darin liegt seine Würde. Die Würde, die Gott schenkt, ist unverlierbar – was der Mensch auch anstellen mag. Die Gottebenbildlichkeit des Menschen begründet die Unverletzlichkeit seiner Würde.
• Würde ist demnach vorgegeben. Keine Leistung und kein Erfolg, kein Reichtum und kein gesellschaftlicher Status, kein Beruf und keine Weihe können menschliche Würde begründen. Wer das nicht begreift, steht auf schwankendem Boden.
• Der Slogan: »Leiste was, dann bist du was«, ist ein gefährliches Wort. In unserer Gesellschaft wird die Leistung erst dann anerkannt, wenn sie mit dem Erfolg verbunden ist. Wer auf dem Treppchen steht, wird geehrt!
• Werner von Braun hat in seinem Leben sicher viel geleistet. Der Höhepunkt all seiner Leistungen – mit Erfolg verbunden – lag wohl in der Mitwirkung bei der Landung auf dem Mond am 20. 7. 1969. Und dennoch fordert er die Menschen auf: »Wir müssen wieder lernen, darum zu beten, daß wir auf Gottes Seite sind.« Gott beurteilt die Leistung anders als wir Menschen!
• »Du hast uns auf dich hin geschaffen«, sagt Augustinus. Dieses Wort gilt wiederum von jedem Menschen. Er ist auf Gott hin ausgerichtet. Dieses

Bemühen ständiger Selbstüberschreitung hat eine bedeutsame Konsequenz: Es hindert ihn, Herr über den Menschen zu werden.

- Jeder Mensch ist ein König – das heißt auch: Wir Menschen sind bei aller Verschiedenheit doch unheimlich gleich. Darum sind alle Menschen miteinander verbunden und alle verpflichtet, füreinander einzutreten. Es kann keine Herrenrasse geben, keine Herrschaft der Weißen über die Schwarzen, der Katholiken über Protestanten, der Christen über Heiden, der Reichen über die Armen, der Satten über die Hungernden, der Gesunden über die Kranken.
- Dieses Königtum ist kein Privileg, sondern Auftrag, keine Auszeichnung, sondern Verpflichtung. Es hat eine befreiende Zielsetzung – wie bei dem König Jesus Christus.

Schrifttext

Darauf ließ Pilatus Jesus geißeln. Die Soldaten flochten einen Kranz aus Dornen; den setzten sie ihm auf und legten ihm einen purpurroten Mantel um. Sie stellten sich vor ihn hin und sagten: Heil dir, König der Juden! Und sie schlugen ihm ins Gesicht. Pilatus ging wieder hinaus und sagte zu ihnen: Seht, ich bringe ihn zu euch heraus; ihr sollt wissen, daß ich keinen Grund finde, ihn zu verurteilen. Jesus kam heraus; er trug die Dornenkrone und den purpurroten Mantel. Pilatus sagte zu ihnen: Seht, da ist der Mensch! (Joh 19,1–5).

Gebet

Herr Jesus Christus,
du bist nicht in die Welt gekommen,
um in ihr als König zu herrschen.
Du bist gedemütigt worden
mit Zepter und Dornenkrone.
Und dennoch warst du ein König
und wolltest,
daß jeder Mensch König sei.

Wir aber verstehen das nicht.
Weder die eigene Würde
noch die königliche Würde der anderen
wird von uns geachtet.

Wir möchten wie Könige herrschen,
aber nicht königlich dienen.

Gib uns die Einsicht,
daß das Leben erst dann schön wird,
wenn wir alle Menschen
als Könige erkennen
und für sie in königlicher Gesinnung da sind.
Laß mich König sein!
Laß mich König werden!

Kinderkreuzzug

In Polen, im Jahr Neununddreißig
War eine blutige Schlacht
Die hatte viele Städte und Dörfer
Zu einer Wildnis gemacht.

Die Schwester verlor den Bruder
Die Frau den Mann im Heer;
Zwischen Feuer und Trümmerstätte
Fand das Kind die Eltern nicht mehr.

Aus Polen ist nichts mehr gekommen
Nicht Brief noch Zeitungsbericht.
Doch in den östlichen Ländern
Läuft eine seltsame Geschicht.

Schnee fiel, als man sich's erzählte
In einer östlichen Stadt
Von einem Kinderkreuzzug
Der in Polen begonnen hat.

Da trippelten Kinder hungernd
In Trüpplein hinab die Chausseen
Und nahmen mit sich andere, die
In zerschossenen Dörfern stehn.

Sie wollten entrinnen den Schlachten
Dem ganzen Nachtmahr
Und eines Tages kommen
In ein Land, wo Frieden war.

Da war ein kleiner Führer
Das hat sie aufgericht'.
Er hatte eine große Sorge:
Den Weg, den wußte er nicht.

Eine Elfjährige schleppte
Ein Kind von vier Jahr
Hatte alles für eine Mutter
Nur nicht ein Land, wo Frieden war.

Ein kleiner Jude marschierte im Trupp
Mit einem samtenen Kragen
Der war das weißeste Brot gewohnt
Und hat sich gut geschlagen.

Und ging ein dünner Grauer mit
Hielt sich abseits in der Landschaft.
Er trug an einer schrecklichen Schuld:
Er kam aus einer Nazigesandtschaft.

Und da war ein Hund
Gefangen zum Schlachten
Mitgenommen als Esser
Weil sie's nicht übers Herz brachten.

Da war eine Schule
Und ein kleiner Lehrer für Kalligraphie.
Und ein Schüler an einer zerschossenen Tankwand
Lernte schreiben bis zu Frie...

Da war auch eine Liebe.
Sie war zwölf, er war fünfzehn Jahr.
In einem zerschossenen Hofe
Kämmte sie ihm sein Haar.

Die Liebe konnte nicht bestehen
Es kam zu große Kält:
Wie sollen die Bäumchen blühen
Wenn so viel Schnee drauf fällt?

Da war auch ein Begräbnis
Eines Jungen mit samtenem Kragen
Der wurde von zwei Deutschen
Und zwei Polen zu Grab getragen.

Protestant, Katholik und Nazi war da
Ihn der Erde einzuhändigen.
Und zum Schluß sprach ein kleiner Kommunist
Von der Zukunft der Lebendigen.

So gab es Glaube und Hoffnung
Nur nicht Fleisch und Brot.
Und keiner schelt sie mir, wenn sie was stahl'n
Der ihnen nicht Obdach bot.

Und keiner schelt mir den armen Mann
Der sie nicht zu Tische lud:
Für ein halbes Hundert, da braucht es
Mehl, nicht Opfermut.

Sie zogen vornehmlich nach Süden.
Süden ist, wo die Sonn
Mittags um zwölf steht
Gradaus davon.

Sie fanden zwar einen Soldaten
Verwundet im Tannengries.
Sie pflegten ihn sieben Tage
Damit er den Weg ihnen wies.

Er sagte ihnen: Nach Bilgoray!
Muß stark gefiebert haben
Und starb ihnen weg am achten Tag.
Sie haben auch ihn begraben.

Und da gab es ja Wegweiser
Wenn auch vom Schnee verweht
Nur zeigten sie nicht mehr die Richtung an
Sondern waren umgedreht.

Das war nicht etwa ein schlechter Spaß
Sondern aus militärischen Gründen.
Und als sie suchten nach Bilgoray
Konnten sie es nicht finden.

Sie standen um ihren Führer.
Der sah in die Schneeluft hinein
Und deutete mit der kleinen Hand
Und sagte: Es muß dort sein.

Einmal, nachts, sahen sie ein Feuer
Da gingen sie nicht hin.
Einmal rollten drei Tanks vorbei
Da waren Menschen drin.

Einmal kamen sie an eine Stadt
Da machten sie einen Bogen.
Bis sie daran vorüber waren
Sind sie nur nachts weitergezogen.

Wo einst das südöstliche Polen war
Bei starkem Schneewehn
Hat man die fünfundfünfzig
Zuletzt gesehn.

Wenn ich die Augen schließe
Seh ich sie wandern
Von einem zerschossenen Bauerngehöft
Zu einem zerschossenen andern.

Über ihnen, in den Wolken oben
Seh ich andre Züge, neue, große!
Mühsam wandernd gegen kalte Winde
Heimatlose, Richtungslose.

Suchend nach dem Land mit Frieden
Ohne Donner, ohne Feuer
Nicht wie das, aus dem sie kamen
Und der Zug wird ungeheuer.

Und er scheint mir durch den Dämmer
Bald schon gar nicht mehr derselbe:
Andere Gesichtlein seh ich
Spanische, französische, gelbe!

In Polen, in jenem Januar
Wurde ein Hund gefangen
Der hatte um seinen mageren Hals
Eine Tafel aus Pappe hangen.

Darauf stand: Bitte um Hilfe!
Wir wissen den Weg nicht mehr.
Wir sind fünfundfünfzig
Der Hund führt euch her.

Wenn ihr nicht kommen könnt
Jagt ihn weg.
Schießt nicht auf ihn
Nur er weiß den Fleck.

Die Schrift war eine Kinderhand.
Bauern haben sie gelesen.
Seitdem sind eineinhalb Jahre um.
Der Hund ist verhungert gewesen.

Bertolt Brecht

Anregungen für ein Gespräch

• Bert Brecht lenkt unseren Blick auf die schrecklichen Folgen des Krieges. Am härtesten betroffen sind in der Regel die Unschuldigen, die am wenigsten zum Ausbruch des Krieges beigetragen haben. Und unter ihnen haben am meisten die Kinder zu leiden; gerade sie geraten häufig zwischen die Fronten. Das gilt für alle Katastrophen, für Ehescheidung, Familienkrach, Hunger, Flucht und Tod.

- Es gibt nicht nur eine Partnerschaft zwischen Erwachsenen, zwischen gleich Mächtigen, sondern auch zwischen Starken und Schwachen, zwischen Reichen und Armen, zwischen Erwachsenen und Kindern. Wenn Alter, Größe oder Macht Partnerschaft verhindern würde, könnten Gott und die Menschen nicht Partner sein. Wieviel mehr müßten alle Menschen Partner sein, deren gemeinsamer Vater Gott ist!
- Heute wird vielfach als Ziel der Erziehung die Mündigkeit bezeichnet. Wie sollen dann die Kleinen, Unreifen, Unentwickelten, Wachsenden, Unmündigen als Partner anerkannt werden? Wie ist Gotteskindschaft – so zu werden wie Kinder – als ein Ziel christlichen Lebens hinzustellen?
- Es gibt vieles, was wir von unseren Kindern lernen können. Unsere Kinder sind unsere Lehrmeister!
- Wir leben in einer kinderfeindlichen Welt. Obwohl die Zahl der Kindesmißhandlungen in Deutschland groß ist, obwohl in Indien gegenwärtig in jedem Monat 100000 Kinder sterben müssen, sind noch andere Verhältnisse zu beklagen, die unsere Kinderfeindlichkeit deutlich machen: Wir haben wenig Zeit für unsere Kinder; wir vermitteln ihnen in unserem Umgang nicht Sicherheit und Geborgenheit; wir lassen sie zwischen die Fronten der Ehepartner geraten; wir geben ihnen in unseren Wohnungen die kleinen Zimmer und beanspruchen selbst die großen; es werden eher Straßen als Kinderspielplätze gebaut; in unserem Schulsystem haben wir keinen Ausgleich zwischen Vermittlung von Wissen und Menschlichkeit gefunden; mit der Zahl der im Straßenverkehr verunglückten Kinder steht die Bundesrepublik an der Spitze, mit der Zahl der Geburten an letzter Stelle der Welt; die Selbstmordrate der Kinder ist in den letzten Jahren um 400% gestiegen.
- Das Kind steht nicht nur für sich; es ist auch Symbol für Benachteiligte, Unterdrückte, Unterprivilegierte, Unbedeutende, Verachtete. Das Kind ist ein Zeichen für das, was übersehen wird.
- Der Kinderkreuzzug lehrt, daß Kindsein nicht bedeuten kann: gehorsam sein; alles tun, was die Erwachsenen sagen; keine eigene Meinung haben; nicht unbequem sein; nicht selber nachdenken; nicht widersprechen; wie Schafe blindlings hinter den Großen herlaufen.
- Die Kinder sind immer auf der Suche nach dem Land des Friedens. In der Welt des Krieges, im Nachtmahr, das ist die Spukgestalt im Traum – und die ist Wirklichkeit geworden –, können Kinder nicht leben und sich entfalten.
- Es ist auffallend, daß ein Kind sich in der Not und Angst nicht nur an dem Erwachsenen aufrichtet, sondern auch an einem Kind, das Führungsfunktion übernimmt.

- Kinder finden schnell zueinander, selbst wenn die Väter aus einem anderen Lager kommen. Sie verzeihen einander und halten zusammen: das polnische, katholische, jüdische und evangelische Kind. Sogar das Nazikind wird aufgenommen.
- Zuweilen sind Kinder grausam; sie können andere Kinder unbarmherzig quälen. Auch an Tieren können sie sich vergreifen. Oft aber sind sie gerade Tieren gegenüber mitfühlsam und freundschaftlich.
- Nicht nur die Kinder, viele Menschen sind auf der Suche nach dem Land mit Frieden: Heimatlose, Richtungslose. Beide Gruppen gibt es nicht nur im Kriege. Wieviele Menschen haben heute ihre Richtung verloren?

Nicht nur auf Polen ist dieser Strom von Menschen beschränkt. In vielen Völkern und Erdteilen sind die Suchenden unterwegs.
- »Wir wissen den Weg nicht mehr.« Das ist die hintergründige Klage vieler Menschen. Wer kann den Weg weisen? Nicht mit verstellten Wegweisern, sondern mit wahrhaftigen!
- Sich auf den Weg machen heißt, aus mehreren Wegen auswählen, sich verlaufen können. Der Weg ist risikoreich, gefahrvoll. Er ist ein Bild für das Leben, weil Leben »unterwegssein« bedeutet.
- Jesus sagt: »Ich bin der Weg« (Joh 14,6). Hinter der Aussage steckt ein unerhörter Anspruch: Ich bin die Antwort auf menschliches Grübeln nach dem Woher und Wohin; ich zeige einen Lebensweg, der jetzt sinnvoll ist und über den Tod hinaus zur Erfüllung führt; ich bin diesen Weg vorausgegangen; ich habe das Modell eines Menschenlebens entwickelt. »Wer mir nachfolgt, wandelt nicht in Finsternis« (Joh 8,12).
- Jesus hat das Kind immer für besonders schutzbedürftig gehalten. »Wer eines von diesen Kleinen zu sich nimmt, um es zu schützen, weil er zu mir gehören will, der nimmt mich zu sich« (Mt 18,5). Im Aufnehmen des Kindes hat er die Gegenwart Gottes gesehen. »Wer ein Kind aufnimmt, nimmt mich auf« (Mt 18,5); »wer mich aufnimmt, nimmt den auf, der mich gesandt hat« (Mt 10,40). Man beachte die gewaltige Steigerung bezüglich der Gegenwart Gottes: Kind aufnehmen – Jesus – Gott. Gott ist in jedem Akt der Liebe.
- Jesus empfiehlt sogar, zu werden wie ein Kind. Kind sein ist nicht Anfangs- oder Durchgangsstadium, sondern Zielvorstellung. Das Kind ist Zeichen für das Empfangen, und Empfangen hat Vorrang vor Leistung und Handeln. Empfangen ist ein anderes Wort für Gnade.

Schrifttext

In jener Stunde kamen die Jünger zu Jesus und fragten: Wer ist im Himmelreich der Größte? Da rief er ein Kind herbei, stellte es in ihre Mitte und sagte: Amen, das sage ich euch: Wenn ihr nicht umkehrt und wie die Kinder werdet, könnt ihr nicht in das Himmelreich kommen. Wer so klein sein kann wie dieses Kind, der ist im Himmelreich der Größte. Und wer ein solches Kind um meinetwillen aufnimmt, der nimmt mich auf (Mt 18,1–5).

Gebet

Herr Jesus Christus,
du bist als Kind
auf diese Welt gekommen.
Du hast den Menschen gesagt,
sie müßten wie Kinder sein,
wenn sie in das Himmelreich
eingehen wollen.

Wir aber halten nichts davon.
Bei uns zählt Leistung,
Erfahrung, Tüchtigkeit,
Reife und Mündigkeit.
Wir möchten lieber geben
als nehmen,
weil wir dadurch unsere Größe
und Selbständigkeit
unter Beweis stellen können.

Schenke uns den Geist der Gotteskindschaft,
damit wir nicht nur Kinder
als Partner annehmen,
nicht nur
Schutzbedürftige schützen,
sondern selbst wie Kinder sind:
offen für deine Gaben,
sehnsüchtig nach deiner Liebe
und dankbar für deinen Schutz.

Die Wildtaube

Es war einmal eine Wildtaube; im verbergenden Wald, wo unter den ranken einsamen Stämmen Wunder und Schauder wohnen, hatte sie ihr Nest. Aber in der Nähe, wo der Rauch aus dem Bauerngehöft aufsteigt, wohnten einige ihrer fernen Verwandten: einige zahme Tauben. Mit einem Paar von diesen traf sie öfters zusammen; sie saß nämlich auf einem Zweig, der in das Gehöft hineinhing; die beiden zahmen saßen auf dem Dachrücken, doch war die Entfernung nicht recht groß, so daß sie ihre Gedanken im Gespräch austauschen konnten. Eines Tages sprachen sie über die Gunst und Ungunst der Zeit und über das tägliche Auskommen. Die Wildtaube sagte: »Ich habe bis jetzt mein Auskommen gefunden, ich lasse jeden Tag seine Plage haben, und auf diese Weise komme ich durch die Welt.« Die zahme Taube hatte genau zugehört, nicht ohne ein Glücksgefühl durch ihren Körper rieseln zu spüren, worauf sie sich kraulte und sprach: »Nein, da halten wir es schon anders; bei uns, das heißt beim reichen Bauern, bei dem wir leben, hat man seine Zukunft gesichert. Wenn die Erntezeit kommt, so sitze ich oder mein Mann, einer von uns beiden sitzt oben auf dem Dach und gibt genau acht. So führt der Bauer einen Sack Korn nach dem andern in die Scheune, und wenn er recht viele eingelagert hat, daß ich sie gar nimmer zählen kann, dann weiß ich, daß genug Vorrat für lange Zeit gespeichert ist, das weiß ich aus Erfahrung.« Nachdem sie so gesprochen hatte, wandte sie sich nicht ohne ein gewisses Selbstgefühl zu ihrem Mann um, als wollte sie sagen: »Nicht wahr, Männlein, wir zwei haben das Unsere in Sicherheit.«

Als die Wildtaube nach Hause kam, dachte sie über diese Sache näher nach; bald schien es ihr, daß es recht angenehm sein müßte, so zu *wissen*, daß man sein Auskommen für lange Zeit gesichert hat, wogegen es doch recht kümmerlich wäre, ständig so im Ungewissen zu leben, so daß man nie sagen dürfe, man wisse, daß man versorgt ist. Es wird daher das beste sein, dachte sie, daß du auch versuchst, ob es dir nicht glücke, einen größeren Vorrat einzusammeln, den du an dem einen oder anderen sichern Orte liegenlassen kannst. Am nächsten Morgen erwachte sie zeitiger als gewöhnlich und hatte es gleich eilig einzusammeln, so daß sie kaum Zeit fand, zu essen und satt zu werden. Aber es war wie ein Schicksal, das über ihr schwebte, als ob es ihr nicht erlaubt wäre, Wohlstand zu sammeln; denn jedesmal, wenn sie ein wenig Vorrat beisammen und diesen an dem einen oder anderen scheinbar sicheren Ort versteckt hatte – wenn sie nachschauen kam, dann war er verschwunden. Indessen veränderte sich nichts hinsichtlich ihres

Auskommens, sie fand jeden Tag wie früher ihr Futter, und wenn sie sich auch mit weniger nährte, so nur deshalb, weil sie sammeln wollte und sich keine Zeit zum Essen nahm, denn sonst hatte sie ihr reichliches Auskommen wie früher. Ach, und doch war mit ihr eine große Veränderung vorgegangen, sie litt keineswegs unter wirklicher Bedrängnis, aber sie hatte die *Einbildung,* daß sie in der Zukunft einmal Not leiden könnte; ihre Ruhe war dahin – sie hatte Nahrungssorgen.

Von nun an war die Wildtaube bekümmert, ihr Federkleid verlor das Farbenspiel, ihr Flug die Leichtigkeit; ihr Tag ging dahin in fruchtlosen Versuchen, Wohlstand zu sammeln, ihre Träume waren ohnmächtige Pläne der Einbildung; sie war nicht mehr froh, ja sie beneidete fast die reichen Tauben; sie fand ihre Nahrung jeden Tag, ward satt, und doch war es, als würde sie nicht mehr satt, weil sie in ihrer Nahrungssorge für spätere Zeiten hungerte; sie hatte sich selbst in einer Falle gefangen, in der sie kein Vogelfänger hätte fangen können, in der sich nur der Freie verfangen kann: in der Einbildung: »Wohl wahr«, sprach sie zu sich selbst, »wohl wahr, wenn ich täglich so viel bekomme, wie ich essen kann, so habe ich ja mein Auskommen; den großen Vorrat, den ich sammeln will, könnte ich doch nicht auf einmal aufessen, und in einem gewissen Sinne kann man ja nicht mehr als sich satt essen; aber es wäre doch sehr angenehm, wenn man der Ungewißheit ledig wäre, durch die man so abhängig wird.« »Es kann wohl sein«, sprach sie zu sich selbst, »daß die zahmen Tauben ihr sicheres Auskommen teuer erkaufen; es kann wohl sein, daß sie im Grunde viele Sorgen haben, von denen ich bisher frei war, aber diese Sicherung der Zukunft will mir nicht aus dem Kopf; oh, warum bin ich doch eine arme Wildtaube und nicht eine der reichen Tauben!«

Schließlich dachte sie sich eine List aus. Sie flog eines Tages in das Bauerngehöft und setzte sich auf den Dachrücken unter die zahmen Tauben. Als sie bemerkte, daß ein Ort da war, wo die anderen hineinflogen, flog auch sie hinein, denn da mußte wohl die Vorratskammer sein. Als aber am Abend der Bauer kam und den Taubenschlag schloß, entdeckte er gleich die fremde Taube. Sie wurde hierauf in einen eigenen kleinen Käfig gesperrt und am nächsten Tag geschlachtet – und war nun frei von allen Nahrungssorgen. Ach, die besorgte Wildtaube hatte sich nicht bloß selbst in der Sorge gefangen, sondern auch im Taubenschlag –, was ihr Tod war.

Sören Kierkegaard

Anregungen für ein Gespräch

- Sören Kierkegaard, der uns diese Erzählung geschrieben hat, fährt fort: »Wäre die Wildtaube zufrieden mit dem gewesen, was sie war: ein Vogel des Himmels, dann hätte sie ihr Auskommen gehabt, dann hätte sie ihr himmlischer Vater ernährt, dann wäre sie, freilich in aller Unsicherheit, dort geblieben, wo sie daheim war.«
- Paßt diese Erzählung überhaupt in unsere Zeit? Wird hier nicht der Rat eines weltfremden Träumers gegeben? Was sollen Väter und Mütter, Politiker und Städteplaner mit einem solchen Rat anfangen? Würden wir nicht verantwortungslos handeln, wenn wir ihm folgen würden? Führt diese Erzählung nicht direkt in die Armenpflege?
- Heute schreit alles nach Sicherheit. Sparkassen, Politiker, Versicherungen versprechen sie. Kein Einkauf ohne Garantie, keine Urlaubsreise ohne Absicherung, kein Auto ohne TÜV-Überwachung. Sicherheit ist das oberste Gebot.
- Sollen wir das Rad der Geschichte zurückdrehen und leben wie die Wildtaube? Sollen wir die Hände in den Schoß legen und die Welt ihrem Schicksal überlassen? Sollen wir nicht mehr kämpfen für die Freiheit der Menschen und für die Gerechtigkeit in der Welt? Sollen die Armen arm bleiben, die Hungrigen hungrig, die Verfolgten verfolgt? Selbst wenn wir das Lebensnotwendige haben, müssen wir dann – wie die Wildtaube – mit allem zufrieden sein?
- Es ist nicht jede scheinbare Verbesserung eine wirkliche Verbesserung.
- Die Wildtaube war geborgen, solange sie glaubte; erst als der Zweifel kam, geriet sie in Panik. Die Abhängigkeit von Gott ist die einzige Unabhängigkeit.
- Jeder Mensch muß in sich selbst stehen; er muß sich selbst annehmen. Sorge und Unruhe kommen häufig aus dem Vergleich mit anderen, und dieser Vergleich kann in die Falle führen. Dabei geht es nicht nur um Nahrung und Reichtum, sondern auch um Schönheit, Intelligenz, Glücklichsein.
- Die Angst, die aus dem »verlorenen« Vergleich mit anderen einzieht, zerstört Schönheit und Glück; sie jagt den Menschen, es anderen gleichzutun; sie vermittelt das Gefühl, mit dem, was einer hat, nicht mehr auszukommen. Diese Angst sinnt auf Sicherheiten, die – in Vorratskammern aufgestapelt, auf Banken angelegt – Zukunft garantieren sollen. Es sind fragwürdige Sicherheiten.
- Wer so auf irdische Sicherheiten aus ist, wird nicht nur von Angst und Sorge erfüllt, er gerät auch mehr und mehr in deren Abhängigkeiten und

verliert seine Freiheit. Am Ende sind die gefangenen, zahmen Tauben freier als die freie Wildtaube.

- Auch Jesus hat mit diesem Bild gearbeitet. »Schaut die Vögel des Himmels« (Mt 6,26). Damit hat er nicht vom Christen verlangt, untätig zu sein. Auch ein Christ muß rechnen, disponieren, für die Zukunft sorgen, Sicherheit anstreben – aber im Vertrauen auf Gottes Hilfe. Wo dieses Vertrauen schwindet, da zieht Angst ein. Der Mensch erfährt dann, daß er allein auf sich selbst gestellt ist. Auch hinter einer verschanzten Sicherheit kann ein Gefängnis sein.
- Es gehört zum Wesen des Vertrauens, daß es seinen Grund außerhalb unserer selbst hat. Ich kann nicht einfach zu jemandem Vertrauen haben oder herstellen, solange es nicht in mir durch den anderen hervorgerufen wird. Mein Vertrauen ist Re-Aktion, Widerhall, Echo, Spiegelbild einer Güte und Liebe, die mir geschenkt wurde.
- Nur wer auf Gott vertraut, ist frei. Wer sich ihm hingibt, ist sicher. Kein Mensch kann sich selbst eine fundamentale Sicherheit für sein Leben verschaffen. Immer bleibt ein Spalt, durch den sich die Unsicherheit und damit die Angst einschleicht. Nur das Vertrauen zu Gott kann diesen gefährlichen Spalt schließen.
- Dietrich Bonhoeffer, der nicht mehr auf sich selbst oder auf Menschen, sondern nur noch auf Gott bauen konnte, schreibt in Hitlers Todeszelle:

»Von guten Mächten wunderbar geborgen
erwarten wir getrost, was kommen mag.
Gott ist mit uns am Abend und am Morgen
und ganz gewiß an jedem neuen Tag.«

Schrifttext

Deswegen sage ich euch: Sorgt euch nicht um euer Leben und darum, daß ihr etwas zu essen habt, noch um euren Leib und darum, daß ihr etwas anzuziehen habt. Ist nicht das Leben wichtiger als die Nahrung und der Leib wichtiger als die Kleidung? Seht euch die Vögel des Himmels an: Sie säen nicht, sie ernten nicht und sammeln keine Vorräte in Scheunen; euer himmlischer Vater ernährt sie. Seid ihr nicht viel mehr wert als sie? (Mt 6,25–26).

Gebet

Herr, Jesus Christus,
du hältst alles in deiner Hand,
jeden Menschen und die ganze Welt.
Das ist dein Angebot an uns.
Du erwartest von uns,
daß wir uns darauf
im Letzten verlassen.

Wir aber mißtrauen deinem Angebot;
wir fühlen uns sicherer
in unserer eigenen Hand,
mit unseren eigenen Vorräten
und unsern eigenen Möglichkeiten.

Laß uns sein wie die Vögel des Himmels,
voll Vertrauen auf deine Güte,
erfüllt von deiner Liebe,
gesättigt mit deinem Leben.
Nur dann sind wir
ganz sicher und frei.

Rilke und die Bettlerin

Paris, am 7. Januar 1927.

Mein Herr, ich wende mich heute abend an Sie, da ich eben Ihre Zeilen über Rainer Maria Rilke las. Ich habe ihn vor dem Kriege gekannt und ich will Ihnen eine Begebenheit erzählen, eine Begebenheit, die nur eben einer Frau möglich war.

Wir folgten dem Gitter des Luxemburg-Parks und gingen an der stillen Ecke vorbei, wo Unsere Dame von Rohant ihr weites, etwas zu weißes Kleid ausbreitete. Ich weiß nicht mehr, worüber wir schwiegen. Vielleicht beschäftigte ich mich innerlich in romantischer und etwas lächerlicher Weise mit der Geschichte Abelones.

Frauen brauchen immer lange, um unendliche, unbestimmte Geschichten, wie diejenigen Rilkes sind, zu verstehen, Geschichten, die immer wieder

beginnen und die immer mit einem Gedankenstrich vor dem Mysterium enden.
Rilke dachte vielleicht an seinen Tod, an diesen Tod, der so plötzlich sein Regiment antritt, an diesen bleichen, heimlichen, stillen Tod, den der allmächtige »Groß-Vater« verneint hätte, der mit lautem Schreien, in einem großen Saal, inmitten von vielen Leuten gestorben ist.
Oder er dachte vielleicht lächelnd darüber nach, was er noch alles schaffen würde.
Er hatte mich an diesem Tage angesprochen und hielt eine wundervolle Rose in der Hand, er hatte sie mir nicht angeboten, er hatte sie auch nicht den alles zerpflückenden Händen meines zweijährigen Babys, dessen Schönheit Rilke besonders liebte, ausgeliefert; ich hatte auch nicht gefragt, was es mit dieser herrlichen, ungewöhnlichen Blume für eine Bewandtnis habe.
Auf der niederen Mauer des Parkgitters trafen wir fast alle Tage eine alte Frau sitzend an. Sie bettelte mit Zurückhaltung und Verschämtheit, da sich ihre Augen nie zu den Vorübergehenden erhoben, da nie eine Bitte von ihren Lippen kam, sie blickte vielmehr mit ihrer ganzen Haltung, mit ihrem runden, trotzdem es Sommer war, immer mit einem schwarzen Tuch bedeckten Rücken, sie bettelte mit den herabfallenden Linien ihrer Lippen, ganz besonders aber mit ihren Händen, mit ihren immer mit Gelenkwärmern bekleideten Händen, die sie eng aneinandergefaltet, die eine auf der andern, in der Mitte ihrer zusammengepreßten Knie hielt, ihren so viel mehr um ein Almosen flehenden Händen, als es ausgestreckte Hände getan hätten. Jedesmal legten wir, von einem gemeinsamen Gefühl getrieben, in diese Hände das mit soviel reiner Kunst erflehte Almosen. Die alte Frau verschärfte dann die Schmerzensfalten ihres Gesichts, ohne aber den Kopf zu erheben; wir hatten niemals ihre Augen gesehen, noch niemals ihren Dank gehört, und alle gebenden Vorübergehenden teilten unser Schicksal.
Ich hatte einmal gesagt: »Sie ist vielleicht reich, sie hat eine Kassette wie Harpagon.« Rainer Maria hatte nur mit einem vorwurfsvollen Blick geantwortet, einem leichten Vorwurf, der sich gleichsam entschuldigte, aber der doch so erstaunt war, wegen mir hervorgerufen zu sein, daß ich darüber errötete.
An diesem Tage setzte sich die Bettlerin wieder in ihrer Haltung des Elends zurecht – diesmal hatte sie noch nichts erhalten. Ich sah Rilke sich vor ihr mit Hochachtung verneigen, nicht mit einer gemachten oder verächtlichen Hochachtung, nein, aber mit einer Rilke-Hochachtung, einer vollkommenen Hochachtung der ganzen Seele ... dann legte er die schöne Rose auf die Knie der Alten.

Da erhob die Alte ihre Augen zu Rainer Maria Rilke, blaue, lebhafte Augen, von roten, triefenden Augenlidern umrahmt, mit einer raschen, vollständig übereinstimmenden Bewegung faßte sie die Hand Rilkes, küßte sie und ging mit kleinen, müden Schritten fort ... ohne an diesem Tag weiter zu betteln.
Rilke fuhr sich mit der Hand über das Gesicht, sah mich mit vollen Augen, mit seiner ganzen Stirn an. Ich sagte ihm nichts. Ich versuchte es, ihm ohne Worte zu beweisen, daß ich seine Lehre wohlverstanden hatte, daß ich seine Art, die Wesen zu denken, unendlich liebte, denn indem er sie so in tiefster Seele schön, so vornehm, so göttlich dachte, war er es selbst, nur er allein, der sie so schön und göttlich machte, der ihnen Gesten der höchsten Vornehmheit zuführte.

Eine Frau

Anregungen für ein Gespräch

• Wovon hat die alte Bettlerin an diesem Tage gelebt, nachdem sie das Betteln abgebrochen und das notwendige Geld für das tägliche Essen noch nicht zusammenbekommen hatte?
Sie hat von der Rose gelebt.
• »Der Mensch lebt nicht allein vom Brot, sondern von jedem Wort, das aus dem Munde Gottes kommt« (Mt 4,4). Dieses Jesuswort wird viel zuwenig bedacht und schon gar nicht in das Leben übersetzt. Es ist eine deutliche Absage an das materialistische Denken unserer Zeit.
• Das Gegenteil ist aber genau so unbekömmlich für den Menschen. Der Mensch lebt nicht allein vom Worte Gottes.
»Wo die Teller leer sind,
da raufen sich die Esser«, sagt Brecht.
Wie kann man das Wort Gottes verkündigen, wenn die Menschen hungrig sind? Das wäre eine unerlaubte Vertröstung der Hungernden auf das Jenseits.
• Hierzulande sind es wenige nur, die hungern müssen. Satt-sein ist das Problem. Berechnung zu eigenen Gunsten ist die Praxis. »Was habe ich davon?« und: »was kriege ich dafür?« sind die ständig gestellten Fragen. Eine materialistische Grundeinstellung hat uns erfaßt.
• Da müssen wir gegensteuern, wenn wir nicht menschlich verkommen wollen. Die Devise muß heute lauten: Das Überflüssige ist das Notwendige. Die Rose ist überflüssig. Was bedeutet sie für den Produktionsprozeß der Welt? Und dennoch verwandelt sie einen Menschen.

Das Spiel ist überflüssig. Was bedeutet es für den berufs- und leistungsbestimmten Menschen? Ohne das Spiel wird er von Beruf und Leistung erdrückt.
Das Gebet ist überflüssig. Was bedeutet es in einer machbaren Welt, in der Sachentscheidungen verlangt werden? Ohne das Gebet werden wir arm; wir sind allein auf uns gestellt und finden keine Sicherheit in der bergenden Hand Gottes.
Musizieren und Malen und Tanzen und Singen und Schenken und Lieben und Hören auf Gottes Botschaft – alles ist überflüssig. Aber gerade darum ist dieses alles heute lebenswichtig.

- Die Begleiterin von Rilke hatte die Rose für sich erwartet oder für das von ihm so sehr geliebte zweijährige Kind. Es gibt Menschen, die unsere Aufmerksamkeit noch mehr verdienen als die, die glauben, darauf einen Anspruch zu haben.
- Die Not treibt viele Menschen auf die Straße. Aber Betteln ist schwer. Wenn wir die Belastung des Bettelns an anderen nicht erkennen können, dann müssen wir sie an uns selbst erfahren. Wie schwer ist es, vor einer Treppe jemanden zu bitten, an den Kinderwagen zu fassen, oder bei einem Motorschaden auf der Autobahn zum Anhalten eines Autos die Hand zu erheben.
- Auch der Arme, Schwache und Bettler verdient ehrfürchtige Behandlung, Respekt und Partnerschaft. Man kann einem Bettler als der Höhere, Mächtigere, Reichere begegnen; alle diese Formen verletzen und kränken. Ehrfurcht macht glücklich.
- Man kann gedankenlos, phantasielos schenken, aber auch sehr überlegt. Die Rose zeigt, daß der Kostenaufwand des Geschenkes nicht entscheidend ist. Schenken ist keine Sache des Geldes, sondern eine des Herzens.
- Das Betteln setzt einen grenzenlosen Glauben an das Gute im Menschen voraus.

Schrifttext

Petrus und Johannes gingen um die neunte Stunde zum Gebet in den Tempel hinauf. Da wurde ein Mann herbeigetragen, der von Geburt an gelähmt war. Man setzte ihn täglich an das Tor des Tempels, das man die schöne Pforte nennt; dort sollte er bei denen, die in den Tempel gingen, um Almosen betteln. Als er nun Petrus und Johannes in den Tempel gehen sah, bat er sie um ein Almosen. Petrus und Johannes blickten ihn an, und Petrus sagte: Sieh uns an! Da wandte er sich ihnen zu und erwartete, etwas von ihnen zu bekommen. Petrus aber sagte: Silber und Gold besitze ich nicht. Doch was ich habe, das gebe ich dir: Im Namen Jesu Christi, des Nazoräers, geh umher! Und er faßte ihn an der rechten Hand und richtete ihn auf. Sogleich kam Kraft in seine Füße und Gelenke; er sprang auf, konnte stehen und ging umher. Dann ging er mit ihnen in den Tempel, lief und sprang umher und lobte Gott. Alle Leute sahen ihn umhergehen und Gott loben. Sie erkannten ihn als den, der gewöhnlich an der Schönen Pforte des Tempels saß und bettelte. Und sie waren voll Verwunderung und Staunen über das, was mit ihm geschehen war (Apg 3,1–10).

Gebet

Herr Jesus Christus,
du bist vielen Bettlern
in deinem Leben begegnet.
Du hast ihnen mehr gegeben,
als sie erbaten,
weil du wußtest,
was ihnen wirklich fehlt.

Wir aber meinen,
wir könnten Menschen zufriedenstellen
mit Brot und Geld und Kleidung.
Weil unser Herz weit weg ist,
entdecken wir nicht,
worin ihre wahre Not besteht.

Mache uns deutlich,
wie sehr wir alle Bettler sind.
Brot allein kann uns nicht sättigen.
Wir brauchen das,
was als überflüssig gilt
und nicht in Zahlen
erfaßt werden kann.
Wir brauchen deine Liebe
und die der Menschen.
Laß uns auch selbst
anderen Menschen Liebe schenken.

Der vierte König

Ein mächtiger Mann aus Rußland, der von seinen Vorfahren wußte, daß bei der Herabkunft des Allherrschers sich auch ein Sproß aus Rußland – wie die Könige aus dem Morgenland – auf den Weg machen würde, um dem König zu huldigen, brach eines Tages zu diesem langen Marsch auf.

Ein großes Gefolge wollte er nicht mitnehmen; das lag ihm nicht. Er wollte sich allein auf die Suche machen. So ließ er sein Lieblingspferd satteln, nahm schöne Geschenke mit, die im Lande entstanden sind – Rollen von zartestem Linnen, edelste Pelze, mehrere Säcklein mit Goldkörnern und kostbaren Edelsteinen und ein Glas Honig von der Mutter. Alles war für das Kind bestimmt.

So ritt er los, hinter dem Stern her, den er in der weiten russischen Landschaft gesehen hatte. Er zog durch sein ganzes Land und entdeckte viel Neues und Unbekanntes. Nachdem er zwei bis drei Monate geritten war, sah er in der Ferne drei Könige auf Kamelen. Sie kämen aus dem Osten, sagten sie, und wollten zu einem Ort, über dem der Stern nach der Verheißung stehenbleiben sollte. Der russische Wanderer schämte sich vor soviel Glanz und Reichtum. Da konnte er nicht mithalten. Dennoch zogen sie ein Stück gemeinsam; aber den hohen Gesprächen konnte er nicht folgen. Als er eines Abends wiederum in einer Herberge neben seinem Pferd übernachtete, entdeckte er am anderen Morgen ein junges Bettelweib, das ein Kind zur Welt gebracht hatte. Und weil die Frau arm und hungrig war, schenkte er ihr Goldkörner und eine Rolle von dem heimatlichen Linnen.

Inzwischen waren die Könige abgezogen. So ritt er allein weiter. Überall aber, wo er auf Not traf, verschenkte er seine Goldkörner und Edelsteine, und allen Dank gab er weiter an den, für den die Geschenke eigentlich bestimmt waren. Er kaufte Sklaven frei, die von ihren Aufsehern vor seinen Augen gequält wurden; er beschenkte Aussätzige mit dem restlichen Linnen; er half einem Kaufmann, der überfallen und ausgeplündert war. Jetzt hatte er nur noch das Glas Honig; aber die hungrigen Bienen raubten ihm auch dieses Geschenk. Als zuletzt auch sein kostbares russisches Pferd tot zusammenbrach, fragte er sich: Was hat das alles genutzt, Hungrige zu speisen, Nackte zu kleiden, Gefangene zu befreien und alles zu verschenken?

nach Edzard Schaper

Anregungen für ein Gespräch

- Jeder Mensch muß ein Hauptziel haben, auf das er zulebt. Zwar hat jeder seine Ziele, auch derjenige, der einfach in den Tag hineinlebt; aber meistens sind es Teilziele: berufliche Aufgaben, das Abschlußexamen, eine große Reise, ein Hausbau, die Eheschließung. Alle diese Teilziele aber – so ehrenwert sie sein mögen – genügen nicht für die Ausrichtung eines ganzen Lebens.
- Alle menschlichen Zwischenziele brauchen einen Hauptnenner, an dem sie in ihrer Gewichtigkeit und ihrer Wegweisung gemessen werden können. Auch die Teilziele brauchen Maßstäbe, weil sie sich in die Gesamtausrichtung des Lebens einfügen müssen.
- Über das Hauptziel muß man nachdenken; es ist nicht einfach da oder genauer: Man entdeckt es nicht sogleich. Vielleicht muß man auf dieses Ziel hingewiesen werden – durch eine Botschaft, durch Vorfahren oder durch einen Stern.
- Wer an nichts glaubt, wird sich bei der Formulierung seines Lebenszieles schwer tun. Er ist in der Gefahr, Zwischenziele zum Hauptziel zu machen.
- Menschliches Grübeln ist hilfreich, aber nicht vor Irrtum geschützt. Dem Glaubenden – warum eigentlich nur ihm? – kommt die Botschaft »aus einer anderen Welt« zu Hilfe. Sie läßt etwas sehen, was nicht sogleich ins Auge springt; sie verschafft Durch-Blicke; sie verweist auf das Besondere, das Göttliche.
- Für viele Menschen ist Gott das Ziel des Menschenlebens. Gott aber ist in dieser Welt mit leiblichen Augen nicht zu erkennen. Wer würde bei dem Kind in der Krippe Gott vermuten, wenn nicht der Stern über dem Stall stehengeblieben wäre und die Engel es den Hirten verraten hätten?
- Das »Kind in der Krippe« sagt uns: Im Alltäglichen liegt das Besondere.
- Wer auf dem Weg zu Gott ist, hat wie der Wanderer aus Rußland seine eigenen Pläne und Vorstellungen: Gott ist groß; je mehr Geschenke man für ihn hat, um so besser. Aber solche Pläne werden ständig durchkreuzt. Die Wirklichkeit unseres Lebensweges sieht anders aus, als wir es uns gedacht hatten. Die edlen Vorstellungen des vierten Königs werden durch die Not der Menschen zunichte gemacht. Weil er jeweils auf die Not einging, wurde der Verlust zum Gewinn.
- Es gibt Menschen, die wollen mit ihren Plänen zu Gott kommen, und wenn sie »über Leichen« gehen müssen. Hier ist das Lebensziel aus dem Auge verloren, obwohl sie auf Gott fixiert sind. Durch die Menschwerdung Gottes ist uns etwas ganz Neues aufgegeben: Mit dem einen Auge müssen wir auf das große Ziel schauen, das wir anstreben, mit dem anderen aber

müssen wir das beachten, was uns in den Weg tritt, selbst wenn Zeitverluste und Umwege damit verbunden sind.

- Seitdem Jesus in der Welt ist, heißt das Lebensprogramm nicht mehr: sich einfach durchsetzen – ohne Rücksicht auf Verluste. Das neue Programm heißt: Das Ich zurücknehmen und sensibel werden für andere Menschen mit ihren Fragen und Nöten. Dieses Programm hat Auswirkungen bis in den Straßenverkehr, die Kindererziehung, den beruflichen Aufstieg und den Frieden unter den Völkern.
- Der vierte König hatte die schönsten Geschenke für das Kind bestimmt: Gold und Edelsteine, Pelze und Linnen, Freundlichkeit und Geduld, Güte und Mitgefühl. Aber nichts kam beim Kinde an. Alles war vorher verschenkt worden. Hier wird ein wichtiges Gesetz christlichen Lebens sichtbar: Alles, was wir sind und haben, ist für Gott bestimmt, und doch muß vorher alles für die Menschen ausgegeben werden. Erst dann erreicht das »Alles« seinen vorgesehenen Adressaten.
- Vielleicht bleiben am Ende eines solchen Lebens nur die leeren Hände. Gott liebt sie, weil sie viel gegeben haben.
- Wer sich auf den Weg zu Gott macht und dabei auf Menschen achtet und sie beschenkt, wer Umwege in Kauf nimmt, um anderen zu helfen, wird unter der Hand ein König.

Schrifttext

Fürchte dich nicht, du kleine Herde! Denn euer Vater hat beschlossen, euch das Reich zu geben. Verkauft eure Habe, und gebt den Erlös den Armen! Macht euch Geldbeutel, die nicht zerreißen. Verschafft euch einen Schatz, der nicht abnimmt, droben im Himmel, wo kein Dieb ihn findet und keine Motte ihn frißt. Denn wo euer Schatz ist, da ist auch euer Herz (Lk 12,32–34).

Gebet

Herr Jesus Christus,
du warst herrlich und mächtig wie Gott.
Aber du wolltest den Glanz und die Macht
nicht für dich behalten.
Du hast alle Herrlichkeit abgelegt,
um Mensch unter Menschen zu sein.

Wir aber haben
unser großes Ziel im Auge;
wir gehen darauf zu,
ohne nach links oder rechts zu schauen.
Darüber übersehen wir
die Sklaven dieser Zeit,
die Aussätzigen dieser Zeit,
die Ausgebeuteten dieser Zeit.
Wir meinen,
weil wir auf dich schauen müßten,
dürften wir
an den Armen und Hungrigen und Gefangenen
vorbeischauen.
So werden wir dich nie finden.

Laß das Lebensziel
klar vor unseren Augen stehen.
Aber bewahre uns vor dem Irrtum,
als ob es außerhalb
dieser Welt läge.
Mache uns immer deutlicher,
daß du
in dieser Welt,
in den Menschen,
in den Armen
lebst.
Wenn wir für sie leben,
werden wir dich finden
und unter der Hand
ein König werden.

Das goldene Reiskorn

Ich ging als Bettler von Tür zu Tür die Dorfstraße entlang. Da erschien in der Ferne dein goldener Wagen wie ein schimmernder Traum, und ich fragte mich, wer dieser König der Könige sei. Hoffnung stieg in mir auf: die schlimmen Tage schienen vorüber; ich erwartete Almosen, die geboten wurden, ohne daß man um sie bat, und Reichtümer, die in den Sand gestreut wurden. Der Wagen hielt an, wo ich stand. Dein Blick fiel auf mich, und mit einem Lächeln stiegest du aus. Endlich fühlte ich mein Lebensglück kommen. Dann strecktest du plötzlich die rechte Hand aus und sagtest: »Was hast du mir zu schenken?« Welch königlicher Scherz war das, bei einem Bettler zu betteln! Ich war verlegen, stand unentschlossen da, nahm schließlich aus meinem Beutel ein winziges Reiskorn und gab es dir. Doch wie groß war mein Erstaunen, als ich am Abend meinen Beutel umdrehte und zwischen dem wertlosen Plunder das kleine Korn wiederfand – zu Gold verwandelt. Da habe ich bitterlich geweint, und es tat mir leid, daß ich nicht den Mut gefunden hatte, dir mein Alles zu geben.

Rabindranath Tagore

Anregungen für ein Gespräch

- Der indische Dichter Rabindranath Tagore hat uns diese Geschichte erzählt. Zu allen Zeiten haben die Menschen in allen Völkern und Religionen darüber nachgedacht, wie arme Menschen reich und glücklich werden können. Lebenserfahrung und Phantasie haben eine Fülle von Möglichkeiten erschlossen, um dieses Ziel zu erreichen. Unterschiedlichste Wege wurden gefunden: von der Gewaltanwendung bis zur Selbsthingabe.
- Zu allen Zeiten haben die Menschen darüber gestritten, welches der erfolgreichste Weg zum Reichtum ist. Vielleicht haben sie dabei nicht bedacht, daß der erfolgreichste Weg nicht immer der richtige sein muß. Erfolg ist nicht in jedem Fall eine Bestätigung der Wahrheit.
- Armut als Tugend verlangt nicht Besitzlosigkeit, weil Reichtum und Besitz für die Beseitigung vieler Nöte wichtig sind. Armut ist vor allem eine Gesinnung. Wer arm ist, der weiß, daß ein anderer ihm zum Leben verhilft und eine Hand ihn führt. Wer arm ist, erwartet alles von Gott.
- Wenn ein Armer einem Reichen, ein Bettler einem König begegnet, werden höchste Erwartungen geweckt, endlich dem Elend zu entrinnen. Traumhaft sind die Wünsche: Almosen, um die man nicht einmal bitten muß; Reichtum in einer Fülle, daß man ihn sogar in den Sand schütten kann, ohne um das Wiederfinden bangen zu müssen. Der gütige, lächelnde Blick des Königs verstärkt noch diese Erwartung.
- Die Überraschung ist perfekt, als der Reiche den Armen anbettelt. Ist das Ausbeutung, Ironie, Schikane oder Prüfung? Wer könnte in einem solchen Augenblick die Gedanken des Königs erraten? Für den Bettler bieten sich zwei extreme Ergebnisse an: entweder das totale Lebensglück

oder der Stoß in noch tieferes Elend. Der Bettler scheint die schreckliche Alternative zu ahnen.

- Er entscheidet sich vorsichtig und halbherzig; er setzt auf Sicherheit: Das kleine Reiskorn tut ihm nicht weh; aber den König kann er damit zufriedenstellen. Vielleicht wird jetzt der König gnädig gestimmt, so daß seine Reichtümer in den Sand fließen.
- Beim Schenken darf man nicht rechnen. Wer anderen gibt, beschenkt sich selbst am meisten.

Nur was gegeben wurde, bleibt Besitz.

- Besonders schmerzhaft ist die spätere Erkenntnis darüber, welche Chance verpaßt wurde.
- Der Ort der Dankbarkeit liegt da, wo das Geben und Helfen keine einklagbare Forderung darstellt, wo einer gibt, ohne verpflichtet zu sein.
- Zum Schenken gehört Mut. Der Erzähler will uns einprägen, daß solcher Mut sich immer auszahlt. Wer nicht wagt, der nicht gewinnt.
- Das Schenken darf nicht auf den Geber zurück, es muß auf den Empfänger gerichtet sein. Allein der hochherzige Mensch hat die Größe, beim Geben sich selbst ganz zu vergessen; nur bei ihm wird das Reiskorn zu Gold.
- Reichtum darf nicht zum Aufstand gegen die Geschöpflichkeit des Menschen führen.
- Heute nimmt das Geben weltweite Dimensionen an. Durch unser Geben können andere überleben. Allerdings haben die Studenten schon recht, die an die Wände in Paris die Worte geschrieben haben: Überleben ist noch kein Leben.
- Der König in der Erzählung könnte Gott sein oder Christus. Vor ihm sind wir bettel-arm. Er ist königlich-reich. Dennoch bettelt er uns an: »Was hast du mir zu schenken?« Eine Stunde am Sonntag? Fünf Mark für Misereor? Zwei Minuten am Tag? Ein Krankenbesuch pro Jahr? – »Da habe ich geweint, weil ich nicht den Mut hatte, dir mein Alles zu geben.«
- Das Brot vermehrt sich, wenn man es teilt.
- Es bleiben Fragen an uns Reiche: Hat das Geld uns? Ist in einer Zeit des Überflusses wohl noch ein bescheidener Gebrauch der Dinge möglich? Lassen wir uns von Neuanschaffungen hetzen, so daß wir vor lauter Haben-wollen nicht mehr zur Ruhe kommen? Leben wir in dem Bewußtsein, daß mein Nächster nicht derjenige ist, den ich am meisten liebe, sondern der mich am meisten nötig hat?

Schrifttext

Dann werden ihm die Gerechten antworten: Herr, wann haben wir dich hungrig gesehen und dir zu essen gegeben, oder durstig und dir zu trinken gegeben? Und wann haben wir dich fremd und obdachlos gesehen und aufgenommen, oder nackt und dir Kleidung gegeben? Und wann haben wir dich krank oder im Gefängnis gesehen und sind zu dir gekommen? Darauf wird der König ihnen antworten: Amen, ich sage euch: Was ihr für einen meiner geringsten Brüder getan habt, das habt ihr mir getan (Mt 25,37–40).

Gebet

Herr Jesus Christus,
du hältst es nicht für unter deiner Würde,
dem ärmsten Wurm der Erde
Nahrung und Wasser und Licht zu geben.
Du hast dich sogar
den Menschen ausgeliefert,
sie dadurch aus ihrem Elend befreit
und die ganze Welt neu gemacht.

Wir aber haben kleinliche Krämerseelen:
wir rechnen beim Schenken,
wir wollen empfangen, ohne zu geben,
wir denken an uns und nicht an die anderen.

Nimm uns unsere Halbherzigkeit
und schenke uns Großmut.
Laß uns erkennen,
daß nur diejenigen,
die glücklich machen
auch glücklich werden
und die viel geben
auch viel bekommen.

Die kleinen Leute von Wippidu

Vor langer, langer Zeit lebten kleine Leute auf der Erde.
Die meisten wohnten im kleinen Dorf Wippidu und nannten sich Wippiduler.
Sie waren sehr glücklich und liefen herum mit einem Lächeln bis hinter die Ohren und grüßten jedermann.
Was die Wippiduler am meisten liebten, war, einander warme, weiche Pelzchen zu schenken.
Ein jeder trug über seiner Schulter einen Beutel, und der Beutel war gefüllt mit weichen Pelzchen.
Nun ist es besonders schön, jemandem ein weiches, warmes Pelzchen zu geben, es sagt dem Anderen, er sei etwas Besonders; es ist eine Art zu sagen: »Ich mag dich«.
Und selbstverständlich ist es sehr erfreulich, ein solches Pelzchen zu bekommen. Wenn man dir ein Pelzchen anbietet, wenn du es nimmst und fühlst, wie warm und flaumig es an deiner Wange ist, und du es sanft und leicht in deinen Pelzchenbeutel zu den anderen legst, dann ist es wundervoll. Du fühlst dich anerkannt und geschätzt, wenn jemand dir ein weiches Pelzchen gibt, und du möchtest ihm ebenfalls etwas Schönes tun.
Die kleinen Leute von Wippidu gaben gerne weiche Pelzchen und bekamen gerne weiche Pelzchen, und ihr gemeinsames Leben war ohne Zweifel sehr glücklich und froh.
Außerhalb des Dorfes, in einer kalten dunklen Höhle, wohnte ein großer grüner Kobold.
Er wollte eigentlich nicht alleine wohnen und manchmal war er einsam. Aber er schien mit niemandem auszukommen und irgendwie mochte er es nicht, warme, weiche Pelzchen auszutauschen.
Er hielt es für einen großen Unsinn.
Eines Abends ging der Kobold in das Dorf und traf einen kleinen freundlichen Wippiduler.
»War heute nicht ein schöner Wippiduler-Tag?« sagte die kleine Person lächelnd. »Hier, nimm ein warmes, weiches Pelzchen; dieses ist ein besonderes, ich habe es eigens für dich aufbewahrt, weil ich dich so selten sehe.«
Der Kobold schaute um sich, ob niemand anderer ihnen zuhörte. Dann legte er seinen Arm um den kleinen Wippiduler und flüsterte ihm ins Ohr. »Hörmal, weißt du denn nicht, daß, wenn du alle deine Pelzchen weggibst, sie dir dann an einem deiner schönen Wippiduler-Tage ausgehen?« Er

bemerkte plötzlich einen erstaunten Blick und Furcht im Gesicht des kleinen Mannes, und während der Kobold in den Pelzchenbeutel hineinschaute, fügte er hinzu: »Jetzt würde ich sagen, hast du kaum mehr als 217 weiche Pelzchen übrig. Sei lieber vorsichtig mit dem Schenken!«
Damit tappte der Kobold auf seinen großen grünen Füßen davon und ließ einen verwirrten und unglücklichen Wippiduler zurück.
Der Kobold wußte, daß ein jeder der kleinen Wippiduler einen unerschöpflichen Vorrat an Pelzchen besaß.
Gibt man nämlich jemandem ein Pelzchen, so wird es sofort durch ein anderes ersetzt, so daß einem sein ganzes Leben lang niemals die Pelzchen ausgehen können. Doch der Kobold verließ sich auf die gutgläubige Natur der kleinen Leute und noch auf etwas anderes, das er bei sich selbst entdeckt hatte.
Er wollte herausfinden, ob es auch in den kleinen Wippidulern steckt. Auf diese Weise belog der Kobold also den kleinen Mann, kehrte zurück in seine Höhle und wartete.
Es dauerte nicht lange, der erste, der vorbeikam und der den kleinen Wippiduler begrüßte, war ein guter Freund von ihm, mit dem er schon viele weiche Pelzchen ausgetauscht hatte.
Dieser stellte mit Überraschung fest, daß er nun einen befremdenden Blick erhielt, als er seinem Freund ein Pelzchen gab.
Dabei wurde ihm empfohlen, auf seinen abnehmenden Pelzchenvorrat achtzugeben, und sein Freund verschwand ganz schnell.
Und jener Wippiduler bemerkte drei anderen gegenüber am selben Abend noch: »Es tut mir leid, aber ich kann dir kein warmes, weiches Pelzchen geben. Ich muß aufpassen, daß sie mir nicht ausgehen!«
Am nächsten Tag hatte sich die Neuigkeit im ganzen Dorf verbreitet. Jedermann hatte plötzlich begonnen, seine Pelzchen aufzuheben.
Man verschenkte zwar immer noch welche, aber sehr, sehr vorsichtig. »Unterscheide!«, sagten sie.
Die kleinen Wippiduler begannen einander mißtrauisch zu beobachten und verbargen ihre Beutel mit den Pelzchen während der Nacht vorsichtigerweise unter ihrem Bett.
Streitigkeiten brachen darüber aus, wer die meisten Pelzchen hat, und schon bald begannen die Leute, weiche Pelzchen für Sachen einzutauschen, anstatt sie einfach zu verschenken.
Der Bürgermeister von Wippidu stellte fest, daß die Zahl der Pelzchen begrenzt sei, rief die Pelzchen als Tauschmittel aus, und schon bald fragten sich die Leute, wieviel ein Mahl oder eine Übernachtung im Hause eines jeden kosten soll.

Es gab sogar einige Fälle von Raub wegen Pelzchen.
An manchen dämmrigen Abenden war man draußen nicht mehr sicher, an Abenden, an denen die Wippiduler früher gern in den Park und auf den Straßen spazieren gingen und einander grüßten, um sich weiche warme Pelzchen zu schenken.
Das schlimmste von allem – an der Gesundheit der kleinen Leute begann sich etwas zu ändern, viele klagten über Schmerzen in Schultern und Rücken, und mit der Zeit befiel mehr und mehr kleine Wippiduler eine Krankheit, bekannt als Rückgraterweichung.
Sie liefen gebückt umher und (in den schlimmsten Fällen) bis zum Boden gebeugt. Ihre Pelzchenbeutel schleiften auf dem Boden. Viele Leute im Dorf fingen an zu glauben, daß das Gewicht des Beutels die Ursache der Krankheit sei, und daß es besser wäre, sie zu Hause einzuschließen. Binnen kurzem konnte man kaum noch einen Wippiduler mit einem Pelzchenbeutel antreffen.
Zuerst war der Kobold mit dem Ergebnis seiner Lüge zufrieden. Er hatte herausfinden wollen, ob die kleinen Leute auch so fühlen und handeln würden wie er, wenn er selbstsüchtige Gedanken pflegte. Und er fühlte sich erfolgreich, so wie die Dinge liefen.
Wenn er nun in das Dorf kam, grüßte man ihn nicht länger mit einem Lächeln und bot ihm keine weichen Pelzchen an.
Statt dessen starrten ihn die kleinen Leute mißtrauisch an, so wie sie auch einander anstarrten. Und ihm war es auch lieber so. Für ihn bedeutete dies, der Wirklichkeit ins Auge zu schauen: »So ist die Welt«, pflegte er zu sagen.
Mit der Zeit ereigneten sich aber schlimmere Dinge.
Vielleicht wegen der Rückgraterweichung, vielleicht auch deshalb, weil ihnen niemals jemand ein weiches Pelzchen gab, starben einige der kleinen Leute.
Nun war alles Glück aus dem Dorf Wippidu verschwunden – und es betrauerte das Dahinscheiden seiner kleinen Bewohner.
Als der Kobold davon hörte, sagte er zu sich selbst: »Mein Gott, ich wollte ihnen nur zeigen, wie die Welt wirklich ist. Ich habe ihnen nicht den Tod gewünscht.«
Er überlegte, was man jetzt machen könne, und er erdachte einen Plan. Tief in seiner Höhle hatte der Kobold eine geheime Mine von kaltem, stacheligem Gestein entdeckt.
Er hatte viele Jahre damit verbracht, die stacheligen Steine aus dem Berg zu graben, denn er liebte deren kaltes und prickeliges Gefühl – und er blickte gerne auf den wachsenden Haufen kalter, stacheliger Steine im Bewußtsein, daß sie alle ihm gehörten.

Er entschloß sich, sie mit den Wippidulern zu teilen.
So füllte er hunderte von Säcken mit den kalten, stacheligen Steinen und nahm sie mit ins Dorf.
Als die Leute die Säcke mit den Steinen sahen, waren sie froh und nahmen sie dankbar an. Nun hatten sie wieder etwas, was sie sich schenken konnten.
Das einzig Unangenehme war, daß es nicht so viel Spaß machte, kalte, stachelige Steine zu verschenken, wie weiche, warme Pelzchen. Einen stacheligen Stein zu geben war gleich eine Art, dem anderen die Hand zu reichen – aber nicht so sehr in Freundschaft und Liebe.
Auch einen stacheligen Stein zu bekommen, war mit einem eigenartigen Gefühl verbunden. Man war nicht ganz sicher, was der Geber meinte, denn schließlich waren die Steine kalt und stachelig.
Es war nett, etwas von einem anderen zu erhalten, aber man blieb verwirrt und oft mit zerstochenen Fingern zurück.
Wenn ein Wippiduler ein weiches, warmes Pelzchen bekam, sagte er gewöhnlich »Wau«, wenn ihm jemand aber einen kalten, stacheligen Stein reichte, gab es gewöhnlich nichts anderes als ein »Uh«.
Einige der kleinen Leute begannen wieder einander warme, weiche Pelzchen zu geben und jedesmal, wenn ein Pelzchen geschenkt wurde, machte er den Schenkenden und den Beschenkten wirklich sehr glücklich.
Vielleicht war es nur deshalb zu bekommen, weil so viele kalte, stachelige Steine ausgetauscht wurden.
Das Schenken von Pelzchen wurde nie mehr Mode in Wippidu.
Nur wenige der kleinen Leute entdeckten, daß sie fortfahren konnten, einander warme, weiche Pelzchen zu schenken, ohne daß ihre Vorräte ausgingen.
Die Kunst, Pelzchen zu schenken, wurde nicht von vielen gepflegt. Das Mißtrauen steckte tief in den Leuten von Wippidu.
Man konnte es aus ihren Bemerkungen hören:
»Weiche Pelzchen? Was steckt wohl dahinter?«
»Ich weiß niemals, ob meine Pelzchen auch geschätzt werden?«
»Ich habe ein weiches Pelzchen gegeben und bekam dafür einen stacheligen Stein. So dumm bin ich nie wieder!«
»Man weiß nie, wo man dran ist; jetzt ein warmes Pelzchen und im nächsten Augenblick einen stacheligen Stein.«
»Gibst du mir keinen stacheligen Stein, dann geb' ich dir auch keinen.«
»Ich möchte meinem Jungen ein warmes, weiches Pelzchen geben, aber er verdient es nicht.«
»Manchmal frage ich mich, ob Großvater noch Pelzchen auf der Bank hat?«
Wahrscheinlich wäre jeder Bürger von Wippidu gern zurückgekehrt zu

jenen früheren Tagen, als das Schenken und Geschenkt-Bekommen von warmen, weichen Pelzchen noch üblich war.
Manchmal dachte solch ein kleiner Mann bei sich, wie schön wäre es doch, von jemandem ein warmes, weiches Pelzchen zu bekommen, und in Gedanken ging er hinaus und begann jedem ein Pelzchen zu schenken wie in alten Tagen.
Aber etwas hielt ihn stets davon zurück.
Gewöhnlich war es einfach dies, daß er hinaus ging und sah, »Wie die Welt wirklich war«.

Aus Amerika

Anregungen für ein Gespräch

• Das amerikanische Märchen spricht von den sogenannten »kleinen Leuten«, die jedoch sehr glücklich waren. Sie waren wahrscheinlich arm; aber weil sie glücklich waren, kannten sie einen gewissen Reichtum. Es gibt verschiedene Arten von Reichtum.
• Es ist auffallend, wie menschliche Grundstimmungen sich mitteilen möchten. Angst und Trauer suchen in anderen Hilfe und Trost, Glück möchte überfließen und so auch andere erreichen. Die kleinsten Zeichen können dabei schon große Wirkungen hervorrufen.
• Mit den kleinen Pelzstückchen konnte man weder seinen Kopf noch seine Hände vor Kälte schützen, schon gar nicht seinen ganzen Körper. Dennoch wurden die Reste verschenkt und gern angenommen. Auch mit unauffälligen Gesten kann man einem Menschen sagen, wie man ihn mag.
• Das Schenken ist mit rationalen Kategorien nicht zu erfassen. Wer es unter dem Gesichtspunkt der Zweckhaftigkeit betrachtet, wird darin einen Unsinn sehen – wie der grüne Kobold in der Höhle.
• Wie mag es kommen, daß der Kobold mit niemanden auskommt, allein wohnt und einsam ist? Wie kommt er – im Gegensatz zu allen anderen Bewohnern – zu dem Urteil, daß der Austausch von weichen Pelzchen Unsinn sei? Ist dieser Haus- oder Berggeist enttäuscht worden oder wurde er von den Bewohnern aus dem Dorf herausgedrängt oder hat ihm einer dieses Urteil ins Herz gegeben? Dahinter steht die schwere Frage nach dem Ursprung des Bösen in der Welt.
• Das Böse ist eine Wirklichkeit. Wie ein unruhiger Geist zieht es im Lande umher, um neue Unruhe zu stiften. Gutes versucht Gutes, Böses versucht Böses zu zeugen. Es scheint leichter zu sein, im Guten den Zweifel zu wecken als im Bösen.

- Was eine einzige Frage vermag, durch die in die Qualität des Schenkens die Kategorie des Rechnens einbricht! Der Schenkende fragt nicht, ob die Geschenke bei ihm ausgehen können; er gibt wie aus einer Fülle.
- Wer im Schenken rechnet, bekommt Angst. Und diese Angst greift wie eine Seuche um sich. Es ist fast menschenunmöglich, sich ihr zu entziehen. Sie erfaßt das ganze Dorf.
- Das Rechnen im Schenken ist wie ein tödliches Gift. An die Stelle des selbstlosen Gebens tritt Tausch, Handel, Bezahlung. Schlimmeres noch wird geweckt: Mißtrauen des einen gegenüber dem anderen.
- Das Märchen sieht sogar einen Zusammenhang zwischen dem Verzicht auf das Schenken und einer schlimmen Krankheit: Sie nennt sie Rückgraterweichung. Wer nur immer rechnet, ohne zu schenken, wird schließlich Opportunist, der muß sich anpassen, um seinen Vorteil zu ergattern. Wer sich einfach anpaßt, hat keine Linie in seinem Leben; er ist ohne Rückgrat.
- »So ist die Welt«, sagte der Kobold. Kann man nicht der »Wirklichkeit ins Auge schauen« und doch die Welt schöner und freundlicher gestalten wollen?
- Der Tod bringt häufig Besinnung und Umkehr.
- Geschenk und Geschenk sind nicht dasselbe. Ein stacheliger Stein ist kein weiches Pelzchen. Letzteres erinnert an Freundschaft und Liebe, der Stein an eine äußere Pflicht, die nicht aus dem Herzen kommt.
- Man kann nicht einfach eine bewährte Form der Selbstmitteilung – einen Gruß oder Kuß, ein Lächeln oder Geben – durch eine andere ersetzen. Es ist sogar schwer, einen alten Brauch wieder aufleben zu lassen, wenn das Mißtrauen noch vorhanden ist. Hier handelt es sich nicht nur um ein Mißtrauen gegenüber anderen Menschen, sondern auch gegenüber der Sache selbst: Bringt dieses Schenken überhaupt etwas? Mache ich anderen damit wirklich eine Freude? Haben die Menschen heute für solche Äußerungen noch einen Sinn?

Viele Fragen an uns und unsere Zeit.

Schrifttext

Entweder: der Baum ist gut – dann sind auch seine Früchte gut. Oder: der Baum ist schlecht – dann sind auch seine Früchte schlecht. An den Früchten also erkennt man den Baum. Ihr Schlangenbrut, wie könnt ihr Gutes reden, wenn ihr böse seid? Denn wovon das Herz voll ist, davon spricht der Mund. Ein guter Mensch bringt Gutes hervor, weil er Gutes in sich hat, und ein böser Mensch bringt Böses hervor, weil er Böses in sich hat (Mt 12,33–35).

Gebet

Herr Jesus Christus,
in deiner Zuneigung zu den Menschen
hast du niemals befürchtet,
deine Liebe könnte zu Ende gehen.
Du hast geschenkt und geschenkt
ohne zu rechnen.

Unser Geben aber ist von Mißtrauen erfüllt.
Bei dir denken wir:
Ob es sich lohnt,
und bei den Menschen:
Was wird es uns bringen?

Laß uns keine Opportunisten sein,
die berechnen und sich anpassen,
um Karriere und eigenen Vorteil
sicherzustellen.
Laß uns vielmehr
gut sein,
weil du gut bist
und schenken
ohne zu rechnen.

Lob des Ungehorsams

Sie waren sieben Geißlein
und durften überall reinschaun,
nur nicht in den Uhrenkasten,
das könnte die Uhr verderben,
hatte die Mutter gesagt.

Es waren sechs artige Geißlein,
die wollten überall reinschaun,
nur nicht in den Uhrenkasten,
das könnte die Uhr verderben,
hatte die Mutter gesagt.

Es war ein unfolgsames Geißlein,
das wollte überall reinschaun,
auch in den Uhrenkasten,
da hat es die Uhr verdorben,
wie es die Mutter gesagt.

Da kam der böse Wolf.

Es waren sechs artige Geißlein,
die versteckten sich, als der Wolf kam,
unterm Tisch, unterm Bett, unterm Sessel,
und keines im Uhrenkasten,
sie alle fraß der Wolf.

Es war ein unartiges Geißlein,
das sprang in den Uhrenkasten,
es wußte, daß er hohl war,
dort hat's der Wolf nicht gefunden,
so ist es am Leben geblieben.

Da war Mutter Geiß aber froh.

Franz Fühmann

Anregungen für ein Gespräch

- Viele Väter und Mütter, Lehrer und Erzieher werden diese Erzählung als unbequem empfinden. Sie leuchtet zwar ein, aber sie paßt nicht recht in das pädagogische Konzept. Wo kommen wir hin, wenn wir solchen Gedanken nachlaufen oder sie gar propagieren? Geht dann nicht alles in der Welt drunter und drüber? Sollte man eine solche Geschichte nicht besser totschweigen?
- Es hat Zeiten gegeben, da haben Vorgesetzte von ihren Untergebenen »blinden Gehorsam« verlangt. Man sollte dem Vorgesetzten, dem Führer,

ein solch uneingeschränktes Vertrauen schenken, daß bei allen Anordnungen das Hinsehen und Überprüfen sich erübrigen konnte. Der Vorgesetzte beanspruchte das Recht, für seinen Untergebenen mitzudenken und genau zu wissen, was das Richtige für ihn sei.

- Manchmal wurde sogar von »Kadavergehorsam« gesprochen: Der Zu-Gehorchende galt nichts, er hatte meinungslos zu sein, er war wie tot, und ein Toter kann nicht denken und entscheiden. »Das Denken überlassen Sie gefälligst uns.«
- In Deutschland hat es eine Zeit gegeben, in der viele Menschen gerufen haben: »Führer befiehl, wir folgen.« Sie haben von sich aus ihre Gehorsamsbereitschaft angeboten und auf kritisches Hinterfragen der Führerbefehle verzichtet. Dem Volk ist diese unkritische Einstellung zu seinem Führer nicht gut bekommen; das Ende war Verbrechen, Elend und Untergang.
- Es sind nicht immer Maschinengewehre, Folter und Konzentrationslager, die Gehorsam erzwingen. Heute sind subtilere Formen entwickelt: öffentliche Meinung, Presse, Rundfunk und Fernsehmonopole, heimliches Abdrängen in die Randgruppe, gesellschaftlicher Druck. Der einzelne Mensch merkt gar nicht, in welche Richtung er gedrängt wird. Die »geheimen Verführer« sind am Werk und erschleichen sich den Gehorsam ihrer »Objekte«. Gehorsam ist hier so selbstverständlich, so angenehm und bequem; er wird gar nicht als etwas empfunden, was den eigenen Gedanken und Plänen zuwiderläuft. Alle Äußerungen der Meinungsbildner werden als mit der eigenen Meinung übereinstimmend, konform empfunden. Man gehorcht dem, man tut das, was alle tun.
- Ungehorsam sein kann heißen, aus der Solidarität mit anderen ausbrechen, gegen den Strom schwimmen. Das kann schmerzhaft, ärgerlich und verletzend sein. Warum soll man sich einen solchen Ärger auf den Hals laden? Es ist oft leichter, gehorsam zu sein.
- Petrus sagt: »Man muß Gott mehr gehorchen als den Menschen« (Apg 5,29). In diesem Wort steckt die Feststellung, daß es eine Pflicht zum Ungehorsam geben kann; mögliche Konflikte werden angedeutet.
- Ohne Gehorsam kann die Welt nicht existieren; das gilt für den pädagogischen und religiösen Bereich, für den Gehorsam gegenüber Gott und den Menschen.
- Abhängigkeit begründet Gehorsam. Es wäre gegen das Wesen des Menschen, Abhängigkeit bestreiten zu wollen. In der Geburt schon wird sie angezeigt; in dem Ausgeliefertsein an die Eltern, in deren jahrelanger Sorge, dem gewährten Schutz und der geschenkten Führung stellt sich Abhängigkeit immer wieder dar.

- Weil das Kind geführt werden soll, muß es hören; es muß horchen auf das, was die Eltern sagen und tun und was sie ihm mitgeben wollen. Ge-horchen kommt von horchen.
- Erziehung zum Ungehorsam ist unmenschlich. Es geht um Erziehung zur Mitverantwortung und ebenso zur kritischen Verantwortung. So darf ein Kind auch nicht zu blindem Gehorsam erzogen werden. Was hat die Mutter in der Erzählung falsch gemacht?
- Gehorsam korrespondiert mit Autorität. Wie überzeugend, wie wahrhaftig ist sie? Ist das, was gefordert wird, zu begründen? Ist es eine Lebenshilfe? Hilft das Geforderte zur Entfaltung des Menschen oder hält es ihn klein und dumm? Will die Autorität lediglich ihre eigene Position festigen? Jede Autorität muß sich aufgrund des mit Recht geforderten Gehorsams kritische Rückfragen gefallen lassen.
- Das Verlangen von Gehorsam ist ein Hinweis auf menschliche Grenzen und auf die Tatsache, daß die Freiheit des einen an der Freiheit des anderen endet.
- Unbestritten ist die Autorität Gottes und die Autorität Jesu. Ihnen gegenüber ist jeder zum Gehorsam verpflichtet. Das ist Nachfolge Jesu.
- Christus ist seinem Vater gehorsam geworden bis zum Tod am Kreuz. Mit dieser Gehorsamstat hat er den Herrschaftsanspruch des Menschen gebrochen. Damit hat er der Welt einen unbeschreiblichen Dienst erwiesen, weil eine Welt, die nur vom Herrschaftsdenken geleitet wird, schließlich zur Zerstörung der Welt führt.
- Wer heute als Christ ganz bewußt gegenüber Gott, dem Evangelium, der Kirche oder anderen Autoritäten zum Gehorsam bereit ist und damit in der Gehorsamsnachfolge Jesu steht, bricht das Herrschaftsdenken des Menschen. Dadurch macht der Christ deutlich, daß es aufgrund der neuen Maßstäbe Jesu nicht einfach darum gehen kann, sich durchzusetzen. So verstanden ist der Gehorsam ein Abbild Jesu und sein Gehorsam ein Segen für die Welt.

Schrifttext

Seid untereinander so gesinnt, wie es dem Leben in Christus Jesus entspricht: Er war Gott gleich, hielt aber nicht daran fest, wie Gott zu sein, sondern er entäußerte sich und wurde wie ein Sklave und den Menschen gleich. Sein Leben war das eines Menschen; er erniedrigte sich und war gehorsam bis zum Tod, bis zum Tod am Kreuz. Darum hat ihn Gott über alle erhöht (Phil 2,5–9).

Gebet

Herr Jesus Christus,
du warst in deinem Leben
gehorsam und ungehorsam.
Du hattest einen Blick
für die Autoritäten:
den »Alten« hast du widersprochen,
aber deinem Vater
bis du gehorsam geworden
bis zum Tod am Kreuz.

Wir jedoch laufen oft falschen Autoritäten nach:
Tyrannen und Götzen,
Versprechungen und Meinungsmachern,
Geld und Vorteil.
Wir gehorchen
aus Angst,
aus Gewinnstreben,
aus Opportunismus,
aus Gedankenlosigkeit.

Lenke unseren Blick
auf die wahren Autoritäten
und laß uns gehorsam sein,
wo durch sie dein Wille am Werk ist;
aber laß uns widersprechen,
wo menschliches Herrschaftsdenken
andere unterdrücken will.

Die Frau und die Zwiebel

Es lebte einmal ein altes Weib, das war sehr, sehr böse. Eines Tages starb sie. Diese Alte hatte in ihrem Leben keine einzige gute Tat vollbracht. Da kamen denn die Engel, ergriffen sie und warfen sie in den Feuersee. Ihr Schutzengel aber stand da und dachte: Kann ich mich denn keiner einzigen guten Tat von ihr erinnern, um sie Gott mitzuteilen? Da fiel ihm etwas ein, und er sagte zu Gott: Sie hat einmal, sagte er, aus ihrem Gemüsegärtchen ein Zwiebelchen herausgerissen und es einer Bettlerin gegeben. Und Gott antwortete ihm: Nimm, sagte er, dieses selbe Zwiebelchen, und halte es ihr hin in den See, so daß sie es ergreifen und sich herausziehen kann, und wenn du sie aus dem See herausziehen kannst, so möge sie in das Paradies eingehen, wenn aber das Zwiebelchen reißt, so soll sie bleiben, wo sie ist. Der Engel lief zum Weib und hielt ihr das Zwiebelchen hin: Nun, sagte er zu ihr, faß an, und wir wollen sehen, ob ich dich herausziehen kann. Und er begann vorsichtig zu ziehen – und zog sie beinahe schon ganz heraus. Als aber die anderen Sünder im See bemerkten, daß sie herausgezogen wurde, klammerten sie sich alle an sie, damit man auch sie mit ihr zusammen herauszöge. Aber das Weib war böse, sehr böse und stieß sie mit ihren Füßen zurück und schrie: Nur mich allein soll man herausziehen und nicht euch; es ist mein Zwiebelchen, nicht eures. Wie sie aber das ausgesprochen hatte, riß das kleine Pflänzchen entzwei. Und das Weib fiel in den Feuersee zurück und brennt dort noch bis auf den heutigen Tag. Der Engel aber weinte und ging davon.

F. M. Dostojewski

Anregungen für ein Gespräch

- Dostojewski hat in dieser Geschichte die Bedeutung einer einzigen guten Tat für das menschliche Leben aufgezeigt. Die Geschichte will etwas von dem grenzenlosen Wohlwollen Gottes vermitteln, das in der aussichtslosen Lage noch nach einem Ausweg sucht. Sie erinnert an das Gleichnis vom guten Vater.
- Das böse Weib in dieser Geschichte hatte keine einzige gute Tat vollbracht. Dostojewski schildert damit eine ganz extreme Situation. Wo gibt es einen solchen Menschen? Wir dürfen doch voller Hoffnung sein, viele guten Taten in unserem Leben nachweisen zu können. Welche Chance, gerettet zu werden!
- Die Geschichte greift den Gedanken auf, daß am Ende des Menschenlebens das Gericht steht. »Wer Gutes getan hat, zur Auferstehung des Lebens; wer Böses getan hat, zur Auferstehung für das Gericht der Verdammnis« (Joh 5,29).
- Der Schutzengel soll – nach der Erzählung – nicht nur vor Unheil und dem Bösen bewahren; er soll auch vor Gott für seinen Schützling eintreten. Darum ist er bei ihm auf der Suche nach der guten Tat.
- Die vom Schutzengel entdeckte gute Tat ist interessant: Das böse Weib

muß nicht sehr begütert gewesen sein, wie der Hinweis auf ihr Gemüsegärtchen zu erkennen gibt. Lag vielleicht die Ursache ihrer Bosheit auch in ihrer Armut?
Das Geschenk war seltsam: Es handelte sich um ein Zwiebelchen. Wie kann man mit einer kleinen Zwiebel den Hunger einer Bettlerin stillen? Kann man eine Zwiebel überhaupt ohne andere Speisen zu sich nehmen?
Gott erkennt den Verzicht auf das Zwiebelchen als gute Tat an.

- Das, was einer in seinem Leben verschenkt hat, kann der Faden und die Ursache seiner Rettung sein. Das macht die Geschichte deutlich. Es sollte hier wohl nicht die theologogische Frage aufgeworfen werden, ob der Mensch in seiner letzten Stunde noch einmal eine Prüfung zu bestehen hat, die über sein ewiges Heil oder Unheil entscheiden soll.
- Gott gibt Chancen bis in die letzte Stunde.
- Es gibt so etwas wie eine Solidarität der Hilfsbedürftigen. Wenn einer einen Weg aus Not und Elend entdeckt hat, dann möchten ihn viele Notleidende mitgehen. Aber dieses Mitgehen ist Chance und Gefahr zugleich.
- Das böse Weib sah nur die Gefahr. Wenn sich zu viele anhängen, kann die Zwiebel reißen. Deshalb wollte sie alle Hilfesuchenden loswerden.
- Vor Gott darf man nicht physikalisch denken, weil so nicht die göttlichen Gesetze erkannt werden. Das Gewicht der vielen, die an dem bösen Weib hingen, war nicht nur nicht Belastung, sondern Stabilisierung der Haltbarkeit der Zwiebel. Solidarität mit den Notleidenden bedingt Festigung des Fadens.
- Nicht einmal nur Angst vor dem Zerreißen bestimmte das Handeln des bösen Weibes, sondern purer Egoismus. »Es ist mein Zwiebelchen, nicht eures.«

Auf dieser Erde gibt es nur eine schlimme Sünde, die sicher ins Verderben führt: der Egoismus. Das Gegenteil ist Liebe. An diesen beiden Maßstäben muß alles gemessen werden.

- Der Egoismus ist deshalb so gefährlich, weil er eigene Vorteile vortäuscht: Bereicherung, Glück, Rettung. Aber er führt nicht zum angestrebten Ziel. Im Gegenteil: Der Egoismus führt in Isolation und Einsamkeit, weil er menschliches Miteinander zerstört.
- Der Egoismus ist der Versuch, sich selbst zum Maßstab für die Welt zu machen. Wenn jeder Mensch sich selbst zum Maßstab macht, gibt es Millionen von Maßstäben auf dieser Erde. Ein solcher Zustand brächte völlige Orientierungslosigkeit und totales Durcheinander.
- Wir brauchen in der Welt einen einzigen Maßstab; an ihm müssen alle Maß nehmen. Dieser Maßstab muß end-gültig, also immer gültig sein.

Obwohl er absolut ist, ist er absolut nicht vom Egoismus, sondern allein von Liebe geprägt. Dieser Maßstab ist Jesus von Nazareth.

- Die Verkündigung liegt im Werben für die Liebe, und Liebe ist ein anderes Wort für Gott.

Schrifttext

Dann wird er sich auch an die auf der linken Seite wenden und zu ihnen sagen: Weg von mir, ihr Verfluchten, in das ewige Feuer, das für den Teufel und seine Engel bestimmt ist! Denn ich war hungrig, und ihr habt mir nichts zu essen gegeben; ich war durstig, und ihr habt mir nichts zu trinken gegeben; ich war fremd und obdachlos, und ihr habt mich nicht aufgenommen; ich war nackt, und ihr habt mir keine Kleidung gegeben; ich war krank und im Gefängnis, und ihr habt mich nicht besucht. Dann werden auch sie antworten: Herr, wann haben wir dich hungrig oder durstig oder obdachlos oder nackt oder krank oder im Gefängnis gesehen und haben dir nicht geholfen? Darauf wird er ihnen antworten: Amen, ich sage euch: Was ihr für einen dieser Geringsten nicht getan habt, das habt ihr auch mir nicht getan. Und sie werden weggehen und die ewige Strafe erhalten, die Gerechten aber das ewige Leben (Mt 25,41–46).

Gebet

Herr Jesus Christus,
du bist Mensch geworden,
um alle Menschen
vor dem ewigen Tod zu bewahren.
Viele Menschen haben sich
an dich gehalten, als du am Kreuz hingst,
weil von ihm allein Heil zu erwarten ist.
Du hast sie nicht zurückgestoßen,
obwohl die Last menschlicher Schuld
unerträglich war und ist.

Wir aber denken an uns:
an unseren Vorteil,
unser eigenes Glück,
unsere Rettung aus dem Elend.

Wir vertrauen im Stillen
auf den Weg zum Heil;
aber wir behalten ihn für uns
und zeigen ihn nicht all denen,
die des Heiles bedürfen wie wir.

Zerstöre unseren Egoismus,
weil er ein Weg ins Verderben ist.
Schenke uns einen Sinn für andere,
weil sie sich an uns hängen möchten.
Erfülle uns mit missionarischem Geist,
weil nur dadurch viele
den Weg zum Heil erkennen können.

Das Hochzeitsgeschenk

Irgendwo sollte eine Hochzeit gefeiert werden. Die Brautleute hatten nicht viel Geld, aber dennoch waren sie der Meinung, daß viele Leute mitfeiern sollten. Geteilte Freude ist doppelte Freude, dachten sie. Es sollte ein großes Fest werden, beschlossen sie, mit vielen Gästen. Denn warum sollte unsere Freude nicht ansteckend sein? fragten sie sich. Es herrscht unter den Menschen ohnehin mehr Leid als Freude. Also baten sie die Eingeladenen, je eine Flasche Wein mitzubringen. Am Eingang würde ein großes Faß stehen, in das die ihren Wein gießen könnten. Und so sollte jeder die Gabe des anderen trinken und jeder mit jedem froh sein.
Als nun das Fest eröffnet wurde, liefen die Kellner zu dem großen Faß und schöpften daraus. Doch wie groß war das Erschrecken aller, als sie merkten, daß es Wasser war. Versteinert saßen oder standen sie alle da, als ihnen allen bewußt wurde, daß eben jeder gedacht hatte: Die eine Flasche Wasser, die ich hineingieße, wird niemand merken oder schmecken. Nun aber wußten sie, daß jeder so gedacht hatte. Jeder von ihnen hatte gedacht: Heute will ich mal auf Kosten anderer feiern. – Unruhe, Unsicherheit und Scham erfaßte sie alle, nicht nur, weil es lediglich Wasser zu trinken gab. Und als um Mitternacht das Flötenspiel verstummte, gingen alle schweigend nach Hause und jeder wußte: Das Fest hat nicht stattgefunden.

Aus China

Anregungen für ein Gespräch

- Die chinesische Parabel kann uns nicht treffen, mögen viele Leser denken, weil wir keine Parasiten sind, die auf Kosten anderer leben. Vielleicht würden wir tatsächlich nicht mit dieser Einstellung zu einem Fest gehen oder als Geschenk leere Pakete abgeben. Aber die Parabel hat ja einen tieferen Sinn; sie will nicht nur von Fest und Feier sprechen, sondern vielmehr das ganze Leben im Auge haben.
- Die Brautleute waren arm; dennoch wollten sie ein schönes und großes Fest feiern. Das Gelingen eines Festes hängt nicht von Geld und Reichtum ab, nicht allein von der Hochherzigkeit und Freigebigkeit der Gastgeber, sondern vor allem von dem, was die Geladenen beisteuern. Die erbetene Flasche Wein steht für andere Dinge: selbst mitmachen, sich am Gespräch beteiligen, zuhören können, sich einbringen, hilfsbereit und dankbar sein, Freude schenken.
- Die Brautleute dachten nicht an sich und die Hochzeitsgeschenke. Sie dachten ganz selbstlos. Alle Geschenke sollten den Hochzeitsgästen zurückgegeben werden, um ihnen ein schönes Fest zu bereiten und sie zufrieden zu stellen.
- Wenn Wein erwartet wird, darf man nicht Wasser bringen. Wenn in Not Hilfe erwartet wird, darf man die in Not Geratenen nicht mit frommen Sprüchen abspeisen. Wer so handelt, zahlt mit falschen Scheinen. Wie in der Parabel das Fest nicht zustande kam, so wird bei Hilfesuchenden die Not nicht beseitigt, wenn man mit einem »Betrug« reagiert.
- Es sollte kein Fest für einen kleinen Kreis sein; möglichst viele Menschen sollten eingeladen werden, damit die Freude des Festes auch vielen Menschen zugute kommen könnte. Freude darf man nicht für sich festhalten; sie soll ansteckend sein.
- Freude und Fröhlichkeit sind nicht dasselbe. Fröhlichkeit kann äußerlich, gespielt, belastend für andere sein; Freude ist anteilnehmend, verschenkend, ansteckend.
- Es kommt im Leben auf jeden an. Die These »die eine Flasche Wasser wird niemand merken« ist höchst gefährlich. Keiner ist im Leben zu ersetzen, keiner ist überflüssig, keiner ist ohne Wert. Immer bleibt eine unausgefüllte Lücke, wenn einer seine Umgebung täuscht und nichts einbringt – gleichgültig, ob die anderen das merken oder nicht.
- Einer soll den Wein des anderen trinken. Jeder hat Fähigkeiten, Gaben, die er für alle zur Verfügung stellen kann. Im tieferen Sinn ist gemeint, daß man nicht irgend etwas, sondern sich selbst für andere einbringen soll.
- Wer heimlich Wasser in das Faß gießt, der will auf Kosten anderer leben.

So gelingt kein Spiel und kein Fest und kein Leben. Niemals dürfen wir auf Kosten anderer leben!

• Doch welch ein Gegensatz: Immer werden wir auf Kosten anderer leben! Auch diese Erkenntnis gehört zum Leben: Die Kinder leben auf Kosten der Eltern; die Eltern leben später auf Kosten ihrer Kinder; die Schwachen auf Kosten der Starken; die Kranken leben auf Kosten der Gesunden.

Und die ganze Welt lebt auf Kosten Jesu Christi.

Schrifttext

Das ist mein Gebot: Liebt einander, so wie ich euch geliebt habe. Es gibt keine größere Liebe, als wenn einer sein Leben für seine Freunde hingibt. Ihr seid meine Freunde, wenn ihr tut, was ich euch auftrage. Ich nenne euch nicht mehr Knechte; denn der Knecht weiß nicht, was sein Herr tut. Vielmehr habe ich euch Freunde genannt; denn ich habe euch alles mitgeteilt, was ich von meinem Vater gehört habe. Nicht ihr habt mich erwählt, sondern ich habe euch erwählt und dazu bestimmt, daß ihr euch aufmacht und Frucht bringt und daß eure Frucht bleibt. Dann wird euch der Vater alles geben, um was ihr ihn in meinem Namen bittet. Dies trage ich euch auf: Liebt einander! (Joh 15,12–17).

Gebet

Herr Jesus Christus,
du bist der Gastgeber der Menschen.
Du lädst alle zu deinem Fest,
du rufst alle an deinen Tisch.
Um ihnen ein schönes Fest zu bereiten,
opferst du dich
und gibst deinen Gästen Brot und Wein.

Wir nehmen deine Einladung an;
aber wir kommen zum Fest
ohne angemessene Stimmung.
Als Geschenk bringen wir
unseren Körper, aber nicht das Herz;

unser Eigeninteresse, aber nicht die Liebe;
unsere Langeweile, aber nicht die Freude.
Wir sind teilnahmslos
und möchten auf Kosten anderer leben.

Mache uns deutlich,
wie undankbar wir sind.
Laß uns verstehen,
daß das Leben nur dann gelingen kann,
wenn wir
vor dir und den Menschen
uns selbst einbringen
mit Leib und Seele,
mit Verstand und Herz,
mit Opfer und Freude.

Die beiden Brüder auf dem Berg Morija

Zwei Brüder wohnten einst auf dem Berg Morija. Der jüngere war verheiratet und hatte Kinder, der ältere war unverheiratet und allein. Die beiden Brüder arbeiteten zusammen, sie pflügten das Feld zusammen, und streuten zusammen den Samen aus. Zur Zeit der Ernte brachten sie das Getreide ein und teilten die Garben in zwei gleichgroße Stöße: für jeden einen Stoß Garben. Als es Nacht geworden war, legte sich jeder der beiden Brüder bei seinen Garben nieder, um zu schlafen. Der Ältere aber konnte keine Ruhe finden und sprach in seinem Herzen: Mein Bruder hat eine Familie, ich dagegen bin allein und ohne Kinder und doch habe ich gleich viele Garben genommen wie er. Das ist nicht recht. Er stand auf und nahm von seinen Garben und schichtete sie heimlich und leise zu den Garben seines Bruders. Dann legte er sich wieder hin und schlief ein.
In der gleichen Nacht nun, eine geraume Zeit später, erwachte der Jüngere. Auch er mußte an seinen Bruder denken und sprach in seinem Herzen: Mein Bruder ist allein und hat keine Kinder. Wer wird in seinen alten Tagen für ihn sorgen? Und er stand auf, nahm von seinen Garben und trug sie heimlich und leise hinüber zu dem Stoß des Älteren.
Als es Tag wurde, erhoben sich die beiden Brüder und jeder war erstaunt, daß die Garbenstöße die gleichen waren wie am Abend zuvor. Aber keiner

sagte darüber zum anderen ein Wort. In der zweiten Nacht wartete jeder ein Weilchen, bis er den anderen schlafend wähnte. Dann erhoben sie sich und jeder nahm von seinen Garben, um sie zum Stoß des anderen zu tragen. Auf halbem Weg trafen sie plötzlich aufeinander, und jeder erkannte, wie gut es der andere mit ihm meinte. Da ließen sie ihre Garben fallen und umarmten einander in herzlicher und brüderlicher Liebe. Gott im Himmel aber schaute auf sie hernieder und sprach: Heilig ist mir dieser Ort. Hier will ich unter den Menschen wohnen!

Aus dem Hebräischen

Anregungen für ein Gespräch

- Wer diese Geschichte hört oder liest, wird sogleich an andere Brüderpaare erinnert: an Kain und Abel, an Jakob und Esau, an den »verlorenen« und den daheimgebliebenen Sohn oder die beiden Söhne, die in den Weinberg geschickt wurden. Das Verhältnis dieser Brüder zueinander aber war ganz anders als das in unserer Erzählung. An diesen Brüderpaaren sollten unterschiedliche Gesinnungen oder Wege dargestellt werden: der Gottergebene und der Haßerfüllte, der Listige und Überlistete, der Gehorsame und der Untreue, der nur Redende und der wirklich Handelnde.
- Auch das Gottesbild erhält mit diesen biblischen Brüderpaaren eine eigene Prägung: Gott läßt dem Menschen Freiheit, selbst wenn er ins Verderben rennt; er kann auch das Zweifelhafte und Unvollkommene in seine Pläne einbeziehen, um dadurch sein Heilswirken durchzusetzen. Er ist von einer grenzenlosen Geduld und Güte.
- Die Brüder dieser Erzählung sind beide gut; sie sorgen sich umeinander und denken darüber nach, wie sie einander helfen können. Es ist im Leben wichtig, die Probleme und Nöte anderer Menschen zu kennen. Mutter Teresa hat von einer hilfsbereiten und opferwilligen Frau gesagt: »Nicht daß sie die Hälfte von dem, was ich ihr gebracht hatte, abgab, hat mich am meisten beeindruckt, sondern daß sie wußte, wo in ihrer Nachbarschaft Not war.«
- Familien mit vielen Kindern können leicht in aktuelle Not geraten; aber auch die Einsamkeit des Alleinstehenden kann auf die Dauer in die Armut führen. Die Probleme des Generationenvertrages werden hier auf schlichte Weise angesprochen.
- In dieser Erzählung ist das »brüderliche Teilen« eindrucksvoll beschrieben. Das heute so vielfach geforderte »alternative Leben« will eben nicht

nur auf das Ich, den eigenen Gewinn, das ständige Haben-wollen zielen, sondern sich gerade mit anderen beschäftigen, mit deren Fragen und Nöten und sie als Herausforderung zum Teilen begreifen.

- Die Handlungsweise der Brüder darf nicht individualistisch eingeengt verstanden werden; sie ist heute in weltweite Dimensionen zu übertragen. Wie der eine Bruder über den anderen nachdachte, so müssen ganze Völker über ihre Nachbarn, die reichen Länder über die armen, die entwickelten über die weniger entwickelten nachdenken. So lange uns andere Völker mit ihren Nöten gleichgültig sind, so lange wir uns nicht über ihre Fragen informieren, so lange wird es auch nicht zum »brüderlichen Teilen« kommen.
- In solchen Dimensionen betrachtet, wird es in der Zukunft darauf ankommen, alle Menschen – auch die in der fernen Welt – als Brüder zu begreifen.
- Das »brüderliche Teilen« ist heimlich geschehen. Der Bruder sollte nicht gedemütigt und bloßgestellt werden; er sollte nicht das Gefühl der Abhängigkeit bekommen. Der eine wollte sich nicht auf vielleicht sublime Weise zum Herrn über den anderen machen.
- Im Weltmaßstab kann man nicht heimlich teilen, so daß die armen Völker es nicht merken. Aber man kann doch nach Wegen suchen, damit nicht wirtschaftliche, finanzielle, politische oder moralische Abhängigkeit erzwungen wird.
- Das Hin und Her des nächtlichen Schenkens will uns auch belehren, daß »brüderliches Teilen« keine Einbahnstraße ist, sondern daß alle einander zu schenken haben. Auch die armen Völker haben den reichen etwas zu geben; wenn es kein Geld ist, dann aber vielleicht ein einfaches Leben, brüderliche Gesinnung, moralische Kraft oder religiöses Vertrauen.
- Wer freigebig schenkt, wird die Erfahrung der Brüder machen: Die Garbenstöße bleiben die gleichen wie vorher. Das Weggebene kommt im Leben immer »heimlich« auf »geheimnisvolle« Weise wieder zurück.
- Wenn wir alles sehen würden, was die Menschen im Stillen Gutes tun, würden wir von der Güte der Menschen wirklich überzeugt sein. Die Menschen sind besser als ihr Ruf! Wir haben keinen Grund, Pessimisten zu werden.
- Wo Menschen sich so brüderlich begegnen, da ist Gott anwesend. »Wo die Liebe und die Güte, da ist Gott.« Diese Erzählung ist wohl deshalb auf den Berg Morija verlegt, weil nach jüdischer Überlieferung dieser Berg mit dem späteren Tempelberg in Jerusalem identisch ist. Der Tempel Gottes ist da, wo Menschen sich in Liebe begegnen.

Schrifttext

Als Jesus einmal dem Opferkasten gegenübersaß, sah er zu, wie die Leute Geld in den Kasten warfen. Viele Reiche kamen und gaben viel. Da kam auch eine arme Witwe und warf zwei kleine Münzen hinein. Er rief seine Jünger zu sich und sagte: Amen, ich sage euch: Diese arme Witwe hat mehr in den Opferkasten hineingeworfen als alle andern. Denn sie alle haben nur etwas von ihrem Überfluß hergegeben; diese Frau aber, die kaum das Nötigste zum Leben hat, sie hat alles gegeben, was sie besaß, ihren ganzen Lebensunterhalt (Mk 12,41–44).

Gebet

Herr Jesus Christus,
du bist unser Bruder.
Du denkst an unsere Not
und an unsere Zukunft.
Du schenkst uns heimlich
von deinem Leben,
damit auch wir
in Ewigkeit leben.

Wir aber verdienen nicht
den Titel Bruder.
Wir denken nur an uns
und unser Glück.
Wir wollen unseren Reichtum
zusammenhalten
und dadurch unsere Zukunft sichern.

Laß uns wirliche Brüder sein,
die sich kennen,
die sich helfen,
die teilen können
wie du.

Der Milchmann

Der Milchmann schrieb auf einen Zettel: »Heute keine Butter mehr, leider.« Frau Blum las den Zettel und rechnete zusammen, schüttelte den Kopf und rechnete noch einmal, dann schrieb sie: »Zwei Liter, 100 Gramm Butter. Sie hatten gesten keine Butter und berechneten sie mir gleichwohl.«
Am andern Tag schrieb der Milchmann: »Entschuldigung.«
Der Milchmann kommt morgens um vier, Frau Blum kennt ihn nicht, man sollte ihn kennen, denkt sie oft, man sollte einmal um vier aufstehen, um ihn kennenzulernen.
Frau Blum fürchtet, der Milchmann könnte ihr böse sein, der Milchmann könnte schlecht denken von ihr, ihr Topf ist verbeult.
Der Milchmann kennt den verbeulten Topf, es ist der von Frau Blum, sie nimmt meistens 2 Liter und 100 Gramm Butter. Der Milchmann kennt Frau Blum. Würde man ihn nach ihr fragen, würde er sagen: »Frau Blum nimmt 2 Liter und 100 Gramm, sie hat einen verbeulten Topf und eine gut lesbare Schrift.« Der Milchmann macht sich keine Gedanken. Frau Blum macht keine Schulden. Und wenn es vorkommt – es kann ja vorkommen –, daß 10 Rappen zu wenig daliegen, dann schreibt er auf einen Zettel: »10 Rappen zu wenig.« Am andern Tag hat er die 10 Rappen anstandslos, und auf dem Zettel steht: »Entschuldigung.« »Nicht der Rede wert« oder »keine Ursache«, denkt der Milchmann, und würde er es auf den Zettel schreiben, dann wäre das schon ein Briefwechsel. Und so schreibt er es nicht.
Den Milchmann interessiert es nicht, in welchem Stock Frau Blum wohnt, der Topf steht unten an der Treppe. Er macht sich keine Gedanken, wenn er nicht dort steht. In der ersten Mannschaft spielte einmal ein Blum, den kannte der Milchmann, und er hatte abstehende Ohren. Vielleicht hat Frau Blum abstehende Ohren.
Milchmänner haben unappetitlich saubere Hände, rosig, plump und verwaschen. Frau Blum denkt daran, wenn sie seine Zettel sieht. Hoffentlich hat er die 10 Rappen gefunden. Frau Blum möchte nicht, daß der Milchmann schlecht von ihr denkt, auch möchte sie nicht, daß er mit der Nachbarin ins Gespräch käme. Aber niemand kennt den Milchmann, in unserem Quartier niemand. Bei uns kommt er morgens um vier. Der Milchmann ist einer von denen, die ihre Pflicht tun. Wer morgens um vier die Milch bringt, tut seine Pflicht, täglich, sonntags und werktags. Wahrscheinlich sind Milchmänner nicht gut bezahlt, und wahrscheinlich fehlt ihnen oft Geld bei der Abrechnung. Die Milchmänner haben keine

Schuld daran, daß die Milch teurer wird. Und eigentlich möchte Frau Blum den Milchmann gern kennen lernen.
Der Milchmann kennt Frau Blum, sie nimmt 2 Liter und 100 Gramm und hat einen verbeulten Topf.

Peter Bichsel

Anregungen für ein Gespräch

- Eigentlich würden sie sich gern kennenlernen – der Milchmann und Frau Blum. Aber die Widrigkeit der Verhältnisse macht eine Begegnung schwierig.
- Es können Menschen, die nah beieinander sind, sich innerlich sehr fern sein, und solche, die in der Ferne wohnen, sich innerlich ganz nah sein. Beides trifft auf die Personen dieser Erzählung nicht zu.
- Es geschieht oft im Leben, daß wir an bestimmten Menschen besonders interessiert sind. Aber wir würden uns schwertun, wenn wir dieses Interesse begründen sollten. Der Typ gefällt uns einfach, sein Auftreten, seine Freundlichkeit, seine ausstrahlende Güte, vielleicht auch nur seine Nase. Die Schwierigkeit der Begründung für Sympathie zeigt, daß sie etwas Geheimnisvolles ist. Mit der Antipathie ist es ähnlich.
- Der Milchmann von Frau Blum kannte sie nicht von Angesicht zu Angesicht. Es gab lediglich Kontaktstellen: ein verbeulter Topf, ihre Bestellung mit 2 Liter Milch und 100 g Butter. Und diese dinglichen Kontaktstellen waren stark genug, Interesse für den anderen zu wecken.
- Das feine Gewebe zwischen den Menschen – so lernen wir aus der Erzählung – wird noch über andere Fäden gesponnen: Frau Blum hat eine lesbare Schrift; sie macht keine Schulden; mögliche Fehler werden anstandslos korrigiert; sie bittet um Entschuldigung. Es ist erstaunlich, welch ein Geflecht von Beziehungen zwischen Menschen entstehen kann, die nie einander direkt begegnet sind.
- Zwischen beiden läuft eine lebendige Kommunikation. Immer werden durch die Gegenstände, durch Bestellung und Bezahlung, durch Geldrückgabe und kurze Worte die Gedanken auf den anderen gerichtet. Wenn der Milchmann schreiben würde »Nicht der Rede wert« oder »keine Ursache« wäre das schon ein Briefwechsel. Der Wechsel von Gedanken ist da, auch ohne Wechsel von Briefen.
- Das Wenige, das vom anderen bekannt ist, löst Assoziationen aus. Der Name Blum bringt andere bekannte Personen ins Spiel. Deren Eigenschaften werden auf den Unbekannten übertragen, um ihn sich besser vorstellen

zu können. Solche übertragenen fremden Eigenschaften können bei allen Beteiligten positive oder negative Auswirkungen für das ganze Leben haben.

- Auch das Urteil über einen Berufsstand oder eine gesellschaftliche Gruppe wird in die Beschreibung des anderen einbezogen. Auch dieser Rückschluß vom Allgemeinen zum Konkreten birgt Risiken in sich. Man kann einem Menschen durch ein solches Verfahren großes Unrecht zufügen.
- Warum möchte Frau Blum nicht, daß der Milchmann mit ihrer Nachbarin ins Gespräch kommt? Soll das zwischenmenschliche Geheimnis nicht aufgedeckt oder gestört werden? Möchte Frau Blum ihrer Nachbarin den Vorteil nicht gönnen, den sie durch die persönliche Begegnung gewinnen könnte? Hat sie vielleicht Angst, daß die Nachbarin nicht gut von ihr spricht? Der Milchmann sollte nicht schlecht von ihr denken, war ihr Wunsch.
- Frau Blum nimmt großen Anteil am Schicksal des Milchmannes: Er tut seine Pflicht; vielleicht wird er schlecht bezahlt; oft wird Geld bei der Abrechnung fehlen; es ist nicht seine Schuld, wenn die Milch teurer wird und alle Menschen darüber klagen. Wenn die Leute auf ihn schimpfen, tun sie ihm Unrecht.
- Noch einmal wird am Schluß der Erzählung festgestellt: Eigentlich möchte Frau Blum den Milchmann gern kennenlernen. Dieser Wunsch ist nur zu verständlich bei soviel Anteilnahme für den anderen und seine Welt und bei so regem Gedankenaustausch. Aber vielleicht hat sie auch Angst, dieses komplizierte und reiche Gewebe menschlicher Beziehungen durch eine direkte Begegnung zu zerstören.
- Stehen wir nicht alle mit vielen Menschen in einem geheimnisvollen Kontakt? Nicht durch unmittelbare Begegnung, sondern durch Erzählungen oder Berichte, durch Medien oder Dienste, durch Gegenstände oder Techniken? Und wie dennoch Menschlichkeit alles durchdringen kann!
- Wie plump und oberflächlich, wie desinteressiert und teilnahmslos sind dagegen oft unmittelbare menschliche Begegnungen. Aber wie reich und beglückend kann auch die Begegnung von Angesicht zu Angesicht sein!

Schrifttext

Dann kam er nach Jericho und ging durch die Stadt. Dort wohnte ein Mann namens Zachäus; er war der oberste Zollpächter und war sehr reich. Er wollte gern sehen, wer dieser Jesus sei, doch die Menschenmenge versperrte ihm die Sicht; denn er war klein. Darum lief er voraus und stieg auf einen Maulbeerfeigenbaum, um Jesus zu sehen, der dort vorbeikommen mußte. Als Jesus an die Stelle kam, schaute er hinauf und sagte zu ihm: Zachäus, komm schnell herunter! Denn ich muß heute in deinem Haus zu Gast sein. Da stieg er schnell herunter und nahm Jesus freudig bei sich auf (Lk 19,1–6).

Gebet

Herr Jesus Christus,
du kennst alle Menschen,
du schaust in ihre Herzen,
und weißt genau,
was darin vorgeht;
keiner kann sich vor dir verstecken.
Du bist vielen Menschen begegnet
und hast dich ihnen zu erkennen gegeben.
Andere haben dich nicht gesehen,
und doch hast du ihnen deine Freundschaft angeboten.

Wir aber leben oft an dir
und den Menschen vorbei.
Unsere Begegnungen sind oberflächlich
und teilnahmslos;
die vielen Kontaktstellen,
die du uns anbietest,
bleiben ungenützt.

Schenke uns das Herz des Zachäus;
versessen auf die Begegnung mit dir,
offen für dein Wort,
sensibel für deine Wünsche.
Laß unser Herz auch
aufgeschlossen sein für das Kennenlernen
der Menschen
und begreifen, daß jede wahre Begegnung
ein Geheimnis ist
und reicher macht.

Wo Himmel und Erde sich berühren

Es waren einmal zwei Mönche, die lasen miteinander in einem alten Buch, am Ende der Welt gäbe es einen Ort, an dem Himmel und Erde sich berührten und das Reich Gottes begänne. Sie beschlossen, ihn zu suchen und nicht umzukehren, ehe sie ihn gefunden hätten. Sie durchwanderten die Welt, bestanden unzählige Gefahren, erlitten alle Entbehrungen, die eine Wanderung durch die ganze Welt fordert, und alle Versuchungen, die einen Menschen von seinem Ziel abbringen können. Eine Tür sei dort, so hatten sie gelesen. Man brauchte nur anzuklopfen und befinde sich im Reiche Gottes. – Schließlich fanden sie, was sie suchten. Sie klopften an die Tür, bebenden Herzens sahen sie, wie sie sich öffnete. Und als sie eintraten, standen sie zu Haus in ihrer Klosterzelle und sahen sich gegenseitig an. Da begriffen sie: Der Ort, an dem das Reich Gottes beginnt, befindet sich auf der Erde, an der Stelle, die Gott uns zugewiesen hat.

Alte Legende

Anregungen für ein Gespräch

• Die Lehre Jesu vom Reiche Gottes hat die Menschen zu allen Zeiten neugierig gemacht. Im Evangelium wurden drei erregende Fragen dazu gestellt: Was ist das Reich Gottes? Wo ist das Reich Gottes? Wann kommt das Reich Gottes?
Die Legende nimmt diese Fragen auf, weil sie die Menschen bis heute nicht in Ruhe gelassen haben. Ganz in der Tiefe ist es die Frage nach dem Glück.

• In der Legende wird eine interessante Ortbeschreibung des Reiches Gottes gegeben: an dem Ort, an dem Himmel und Erde sich berühren, beginnt das Reich Gottes. Handelt es sich hier wirklich um eine Ortsbeschreibung?

• In allen Jahrhunderten waren die Christen auf dieses neue Reich gespannt; darum waren auch viele bereit, alles dafür einzusetzen; sie waren entschlossen, nicht umzukehren, bis sie es gefunden hatten, und wenn es am Ende der Welt wäre.

• Die Sehnsucht der Menschen nach einem Land des Friedens, der Gerechtigkeit, der Brüderlichkeit, der Liebe ist unbeschreiblich groß. Natürlich hat es immer bei der gesuchten Erfüllung dieser Sehnsucht Irrwege gegeben – wie auch in dieser Legende. Aber diese Sehnsucht sitzt tief im Menschen und bricht immer wieder durch. Viele Revolutionen in der Geschichte, Utopien, Sekten und Heilslehren, bis zu Sozialismus und Kommunismus, sind Zeugen dieser Sehnsucht.

- Wieviel Elend und Not ist im Laufe der Weltgeschichte aus Mißverständnis und falscher Interpretation entstanden! Weil eine einzige Aussage oder ein Bild wörtlich genommen wurden, konnte ein Irrtum mit unbeschreiblichen Konsequenzen entstehen.

Die Mönche hielten eine theologische Aussage für eine Ortsbeschreibung; darum mußten sie unzählige Gefahren bestehen, Entbehrungen auf sich nehmen, gegen Versuchungen kämpfen und bis an das Ende der Welt wandern.

- Der Marsch zum Ende der Welt kann eine Flucht aus der gegenwärtigen Situation sein.
- Das Naheliegende ist oft das Unerkannte; das Fernste erscheint als das Wichtigste.
- Gott hat die Welt zusammengefügt; wir Menschen möchten sie auseinanderreißen. Gott drängt zur Einheit, wir zur Trennung.
- Wir sprechen von der gegenwärtigen und zukünftigen Welt und spielen sie gegeneinander aus. Dabei ist die gegenwärtige und zukünftige Welt ein und dieselbe; die eine lebt schon in der anderen. Alles, was wir im Diesseits tun, ist schon mit dem Jenseits verbunden.
- Wer den Himmel sucht, muß diese Erde wollen.
- Viele herkömmliche Begriffspaare geben Anlaß zu dem Mißverständnis, daß es ein Nebeneinander gäbe: Natur – Übernatur, Leib – Seele, Himmel – Erde, profan – sakral, Diesseits – Jenseits, Weltgeschichte – Heilsgeschichte, Gottes Reich – Menschen Reich. Hier gibt es kein Nebeneinander, sondern nur ein Ineinander. Man kann nicht das eine bejahen und das andere mißachten. Mit der Geringschätzung des einen wird gleichzeitig auch das andere abgewertet.
- Das Reich Gottes ist nicht am Ende der Welt, wie sich auch Himmel und Erde nicht am Ende der Welt berühren, sondern es ist mitten in der Welt, wo der Himmel schon als Keim in der Erde steckt; das Reich Gottes ist an dem Ort, den Gott uns zugewiesen hat.
- Auch der Tod ist nicht ein Überschritt vom Diesseits zum Jenseits, sondern ein Weg in eine größere Tiefe menschlicher Existenz. Dahinter steckt die Gewißheit, daß das Ich weiterlebt.
- »Das Reich Gottes ist mitten unter euch« (Lk 17,21), sagt Jesus, das heißt also am Arbeitsplatz, in Freundschaften, in Begegnung und Gespräch, in Freude und Leid, in Liebe und Anbetung. Darum müssen wir die Situation annehmen und gestalten, in die wir gestellt sind.

Schrifttext

Als Jesus von den Pharisäern gefragt wurde, wann das Reich Gottes komme, antwortete er: Das Reich Gottes kommt nicht so, daß man es an äußeren Zeichen erkennen könnte. Man kann auch nicht sagen: Seht, hier ist es!, oder: Dort ist es! Denn: Das Reich Gottes ist (schon) mitten unter euch (Lk 17,20–21).

Gebet

Herr Jesus Christus,
mit dir ist das Reich Gottes
in die Welt gekommen.
Nur dieses Reich kann
die Sehnsüchte der Menschen zufriedenstellen.
Dieses Reich allein erfüllt
das Verlangen nach Frieden,
Freiheit, Gerechtigkeit
und Glück.

Wir aber suchen das Reich Gottes woanders:
in einer Welt,
die wir ohne dich bauen möchten;
die vom Himmel getrennt sein soll;
die Menschen-Reich gegen Gottes-Reich stellt.
Wir suchen es oft in der Innerlichkeit oder Aktion,
im Rausch oder in der Ferne.
Viele Versuche sind nur eine Flucht vor der Wirklichkeit.

Bewahre uns vor diesen Umwegen
mit ihren unnötigen Belastungen, Entbehrungen und Nöten.
Laß uns unser Glück suchen
an dem Ort, den du uns zugewiesen hast,
und laß uns begreifen,
daß an diesem Ort du selber lebst,
um durch uns dein Reich an dieser Stelle aufzubauen.

Drei Fragen

Es war einmal ein König, dem kam der Gedanke, daß man niemals einen Fehlschlag erleiden könnte, wenn man stets im voraus wüßte, wann man jedes Ding beginnen müsse, und wenn es einem auch bekannt wäre, mit welchen Menschen man sich abzugeben habe und mit welchen nicht, und wenn man schließlich im Bilde wäre, welche der zu lösenden Aufgaben die allerdringendste wäre.

Nachdem der König darüber nachgegrübelt hatte, ließ er im ganzen Lande verkünden, daß er denjenigen königlich belohnen wolle, der ihn lehren würde, wie man für jede zu lösende Aufgabe die richtige Zeit finden könnte, wie man in Erfahrung bringen könnte, welche Leute die wichtigsten seien, und wie man erkennen könnte, ohne sich zu irren, welche Aufgabe von allen die wichtigste wäre.

Da erschienen beim König gelehrte Leute und gaben ihm die allerverschiedensten Ratschläge. Einige beantworteten die erste Frage dahin, daß man für eine jede zu lösende Aufgabe den richtigen Zeitpunkt dann finden könnte, wenn man sich zuerst ein Verzeichnis der Tage, der Monate und des Jahres mache und dann nach diesem Verzeichnis streng sich richte. Nur in einem solchen Falle, meinten sie, würde eine jede Sache zur rechten Zeit gelöst werden können. Wieder andere behaupteten, daß es nicht möglich sei, schon im voraus zu wissen, welch eine Aufgabe zu einer bestimmten Zeit zu lösen sei. Man dürfe sich nicht mit leerem Zeitvertreib abgeben, sondern müsse stets auf den Gang der Dinge achtgeben, um im gegebenen Augenblick das zu tun, was sich als am notwendigsten erweisen sollte.

Die dritte Gruppe behauptete, daß, wie aufmerksam auch der König zu seinen Aufgaben sich verhielte, ein einzelner Mensch nicht immer die richtige Entscheidung zur rechten Zeit zu treffen in der Lage wäre. Deshalb müsse man weise Männer um sich haben, die in der Lage seien, einen guten Rat zu erteilen, und man müsse dann entsprechend einem solchen Rat handeln.

Die vierte Gruppe Ratgeber meinte, daß es Dinge gäbe, die keinen Aufschub zuließen. In solchen Fällen habe man sofort eine Entscheidung zu treffen, ohne die Meinung seiner Ratgeber einzuholen. Um aber zu wissen, wie man in solchen Fällen zu handeln habe, müsse man im voraus wissen, was geschehen würde, und das könnten, ihrer Meinung nach, nur Zauberer oder Wahrsager wissen.

Ebenso verschieden waren auch die Antworten auf die zweite Frage. Die einen sagten, daß der König vor allen anderen Leuten am dringendsten

diejenigen benötige, die ihm bei seinen Regierungsgeschäften behilflich wären, das heißt seine Gehilfen und Mitregenten. Die anderen behaupteten, daß für ihn die Priester am wichtigsten seien, wieder andere, daß für den König die wichtigsten Leute die Ärzte darstellten. Die vierte Gruppe meinte, daß der König vor allem Krieger benötigte.
Auf die dritte Frage, welche Dinge wohl die wichtigsten wären, antworteten die einen, daß das Wichtigste auf Erden die Wissenschaften seien; die anderen meinten, das Wichtigste sei die Kriegskunst, und die dritten behaupteten, am wichtigsten sei die Gottesverehrung.
Es stellte sich somit heraus, daß alle Antworten voneinander abwichen. Deshalb stimmte der König keiner der geäußerten Ansichten bei und gewährte niemand die von ihm in Aussicht genommene Belohnung.
Um aber doch eine befriedigende Antwort auf seine Fragen zu erhalten, beschloß der König, sich an einen Einsiedler zu wenden, der wegen seiner Weisheit weit berühmt war.
Der Einsiedler hauste in einem Walde, den er nie zu verlassen pflegte, auch empfing er nur schlichte Leute. Deshalb kleidete sich der König möglichst einfach. Als er sich mit seinem bewaffneten Gefolge der Einsiedlerklause näherte, stieg er vom Pferde ab und ging ohne Begleitung der Behausung des Einsiedlers zu. Als der König bei dem weisen Einsiedler anlangte, war dieser mit dem Umgraben seiner Gartenbeete beschäftigt. Der Einsiedler begrüßte den König, sobald er ihn erblickt hatte, und setzte seine Arbeit fort. Der Einsiedler war mager und schwächlich. Jedesmal, wenn er den Spaten in die Erde stieß, konnte er nur geringe Erdklumpen von der Stelle bewegen, und er keuchte während seiner Arbeit schwer.
Der König kam nahe an ihn heran und sagte:
»Ich bin zu dir, weiser Einsiedler gekommen, um dich zu bitten, mir auf drei Fragen Antwort zu geben. Ich möchte nämlich von dir erfahren, welche Zeit man für jedes Unternehmen zu wählen hat, um den richtigen Augenblick nicht zu versäumen; welche Menschen die wichtigsten scheinen, und mit welchen man aus diesem Grunde sich vornehmlich abgeben soll; endlich, welche Geschäfte die wichtigsten sind und deshalb zuerst in Angriff genommen werden müssen.«
Der Einsiedler hörte den König an, doch antwortete er ihm nicht, sondern spuckte in seine Hände und begann aufs neue, die Erde umzugraben.
»Du bist übermüdet«, sagte der König, »reich mir den Spaten, ich werde jetzt für dich arbeiten.«
»Ich danke dir«, erwiderte der Einsiedler und überreichte dem König den Spaten. Dann setzte er sich auf die Erde nieder. Nachdem der König zwei Beete umgegraben hatte, hörte er zu graben auf und wiederholte seine

Fragen. Wiederum schwieg der Einsiedler still. Dann erhob er sich und langte nach dem Spaten.
»Jetzt werde ich ...«, sagte er – »und du erholst dich von deiner Arbeit.«
Doch der König behielt den Spaten in der Hand und setzte das Umgraben der Erde dort. Es verging eine Stunde und dann eine zweite. Die Sonne verschwand bereits hinter den Bäumen, da steckte der König den Spaten in die Erde und sagte:
»Ich bin zu dir, weiser Mann, gekommen, um von dir Antwort auf meine Fragen zu erhalten. Wenn du sie nicht beantworten kannst, so sag es mir – und ich werde mich wieder nach Hause begeben.«
»Sieh, da kommt jemand gelaufen«, sagte der Einsiedler, »wir werden ja sehen, um wen es sich handelt.«
Der König wandte sich um und bemerkte, daß aus dem Walde ein bärtiger Mann gelaufen kam. Der Mann hielt mit beiden Händen seinen Leib. Unter seinen Händen quoll Blut hervor. Als der Mann den König erreichte, brach er zusammen. Seine Augen schlossen sich, und er blieb auf der Erde, leise stöhnend, unbeweglich liegen.
Der König öffnete mit Hilfe des Einsiedlers die Kleider des Mannes. Im Unterleib des Verletzten klaffte eine tiefe Wunde. Der König wusch die Wunde, soweit er es verstand, und verband sie mit seinem Taschentuch und einem Handtuch des Einsiedlers. Doch das Blut hörte nicht auf zu rinnen, und der König mußte mehrere Male den von Blut durchtränkten Verband erneuern, wobei er jedesmal die Wunde des Verletzten auswusch. Als das Blut gestillt war, kam der fremde Mann zu sich und bat um Wasser. Der König brachte frisches Wasser herbei und stillte den Durst des Verwundeten.
Inzwischen war die Sonne untergegangen, und es war kühl geworden. Der König trug mit Hilfe des Einsiedlers den verwundeten Mann in dessen Klause, und sie legten ihn auf sein Bett. Der Verwundete schloß die Augen und verhielt sich still. Der König war von der Arbeit und von der Pflege des Verwundeten so müde geworden, daß er sich auf die Schwelle der Klause hinhockte und in einen so tiefen Schlaf versank, daß er während der kurzen Sommernacht nicht einmal aufwachte. Als er am Morgen zu sich kam, konnte er sich lange Zeit nicht besinnen, wo er sich eigentlich befand, und wer dieser seltsame bärtige Mensch sei, der auf dem Bette lag und ihn mit seinen glänzenden Augen durchdringend betrachtete.
»Verzeih mir«, sagte der bärtige Mann mit einer schwachen Stimme, als er bemerkte, daß der König erwacht war und auf ihn schaute.
»Du kennst mich nicht, aber ich kenne dich. Ich bin dein Feind, der geschworen hatte, sich an dir zu rächen, weil du meinen Bruder hinrichten

ließest und mir mein Vermögen raubtest. Ich wußte, daß du allein auf dem Weg zum Einsiedler warst, und beschloß, dich auf deinem Rückweg zu töten, doch es verging ein ganzer Tag, und du kehrtest noch immer nicht zurück. Da verließ ich mein Versteck, um zu erfahren, wo du geblieben seist, und stieß dabei auf deine Leibwache. Sie erkannte mich und fügte mir die Wunde zu. Es gelang mir, vor ihnen zu entfliehen. Ich wäre verblutet, wenn du nicht meine Wunden verbunden hättest. Ich wollte dich töten, und du hast mir das Leben gerettet. Sollte ich am Leben bleiben, so werde ich, wenn du willst, dein treuster Knecht sein. Ich werde dir dienen und meinen Söhnen befehlen, das gleiche zu tun. Verzeih mir!«

Der König war sehr froh darüber, daß es ihm gelungen war, auf eine so leichte Weise seinen Feind zu versöhnen. Er verzieh ihm nicht nur, sondern versprach ihm, sein Vermögen zurückzuerstatten und ihm außerdem seinen Arzt und seine Bedienten zu schicken.

Nachdem der König sich von dem Verwundeten verabschiedet hatte, verließ er die Klause und blickte sich nach dem Einsiedler um, um an ihn zum letztenmal seine Fragen zu richten, ehe er ihn verließ. Der Einsiedler befand sich draußen, kroch auf den Knien die gestern umgegrabenen Beete entlang und säte Gemüsesamen. Der König näherte sich ihm und sprach:

»Ich bitte dich, weiser Mann, zum letztenmal, mir auf meine Fragen zu antworten!«

»Du hast ja schon Antwort auf deine Fragen erhalten«, sagte der Einsiedler, wobei er auf seinen mageren Schenkeln hockend den vor ihm stehenden König von unten bis oben betrachtete.

»Auf welch eine Weise?« fragte der König.

»Ganz gewiß«, antwortete der Einsiedler. »Hättest du gestern mit meiner Schwäche kein Mitleid verspürt und nicht statt meiner die Beete umgegraben, hättest du dich allein zu deiner Leibwache zurückbegeben, so hätte dich dieser Mensch überfallen, und du hättest es bereut, nicht bei mir geblieben zu sein. Somit war für dich der rechte Augenblick gekommen, als du an meiner Stelle das Umgraben der Beete besorgtest, und ich war für dich in diesem Augenblick der wichtigste Mensch, und deine wichtigste Tat war damals, für mich Gutes zu tun. Und als jener zu uns gelaufen kam, war es gerade die rechte Zeit, seine Wunde zu verbinden. Hättest du ihm die Wunde nicht verbunden, so wäre er gestorben, ohne sich mir dir ausgesöhnt zu haben. Also war er in jenem Augenblick für dich der wichtigste Mensch. Und das, was du für ihn getan hast, war damals dein wichtigstes Geschäft! Merke dir also, daß der wichtigste Zeitpunkt stets nur der eine ist: der gegenwärtige Augenblick. Er ist aus dem Grunde der wichtigste, weil wir nur im selben Augenblick über uns frei verfügen können. Und der allerwichtigste Mensch ist stets derjenige, mit dem du gerade zu tun hast, weil niemand weiß, ob er überhaupt noch mit irgendeinem anderen Menschen etwas vorhaben wird. Die wichtigste Handlung ist aber stets, Gutes zu tun, und dem Menschen ist allein aus diesem Grunde das Leben verliehen.«

Leo Tolstoi

Anregungen für ein Gespräch

• Vielleicht sollte man die Erzählung schon nach dem ersten Abschnitt unterbrechen und auf die drei Fragen eine Antwort versuchen:
1. Welches ist der richtige Zeitpunkt zur Lösung der Aufgaben, vor denen ein Mensch steht?
2. Welches sind die wichtigsten Menschen, mit denen man sich zur Lösung der gestellten Aufgaben zusammentun soll?
3. Welches sind die allerdringlichsten Aufgaben, so daß man sie sofort in Angriff nehmen muß?
Wie würden Sie diese drei Fragen beantworten?
• Tolstoi selbst trägt viele mögliche Antworten zusammen, die von den Weisen des Landes gegeben wurden. Alle Antworten sind bedenkswert, teilweise sogar modern. Es wird auf die Notwendigkeit einer Prioritätenliste hingewiesen, auf die Unberechenbarkeit der Zukunft, auf die Bedeutung des Teams, ohne das komplizierte Fragen der heutigen Welt nicht mehr zu beantworten sind.
Welches sind die wichtigsten Personen- und Berufsgruppen: die Politiker, die Priester, die Ärzte oder die Soldaten? Kann man sie gegeneinander aufwiegen?
Was sind die wichtigsten Aufgaben auf dieser Erde? Kann man Gottesdienst und Menschendienst gegeneinander stellen? Sind Wissenschaft und Kriegskunst miteinander vergleichbare Größen? Welche ganz anderen Aufgabenbereiche würden wir heute nennen, wenn wir danach gefragt würden?
• Wie es oft bei solchen Befragungen geschieht, antwortet auch der Einsiedler zunächst nicht mit Worten, sondern dadurch, daß er den Blick auf Ereignisse lenkt. Es ist besser und überzeugender, wenn der Fragende dadurch selbst die Antworten finden kann.
• Welches mögen die Gründe sein, daß der Einsiedler nur »schlichte« Leute empfing? Besitzen sie die erforderliche Demut und Hörbereitschaft, um seine Antworten zu begreifen? Wollte er vor allem den Menschen mit seinem Rat zur Verfügung stehen, die sich keine Ratgeber leisten können?

• Die schließliche Antwort des Einsiedlers ist der Hinweis auf den »gegenwärtigen Augenblick«. Seine Begründung für diese Antwort ist wichtig: Nur im gegenwärtigen Augenblick können wir über uns frei verfügen. Alles, was gewesen ist, ist der Verfügungsgewalt des Menschen bereits entzogen; alles Vergangene ist nicht mehr ungeschehen zu machen. Und alles, was vor uns liegt, ist noch nicht dem Zugriff des Menschen unterworfen; die Zukunft enthält Unwägbarkeiten, die einen heranrückenden Zustand nicht genau bestimmen lassen.

• Auf das Heute kommt es an, auf das Hier und Jetzt. Wer das Heute verfehlt, weil er dem Gestern nachtrauert oder sich in das Morgen hineinträumt, verfehlt sein Ziel in der Ewigkeit.

»Unsere Morgen morden unsere Heute«, hat Annette von Droste-Hülshoff gesagt.

• Im gegenwärtigen Augenblick werden uns die Aufgaben vor die Füße gerollt: Menschen, Ereignisse, Schicksale, Anfragen, Hilferufe, Nöte. Jeder Augenblick ist ein Anruf an uns, an dem wir uns zu bewähren haben. Jeder Augenblick wird uns von Gott mit seinen Aufgaben geschickt; was uns geschickt ist, ist uns auch anvertraut.

Man kann von einer Sakramentalität des Augenblicks sprechen: Was von Gott eingesetzt wird, mit einem sichtbaren Zeichen – sollte dadurch nicht das Gottesleben in die Welt fließen? Ist ein solcher Augenblick nicht ein Heil-Mittel für die Welt?

• Vom gegenwärtigen Augenblick her kann eine Spiritualität des Alltags entwickelt werden. Das Leben bekommt einen Sinn, weil jeder Augenblick seinen Sinn hat. Alles ist gefügt.

Auf das Agieren Gottes muß der Menschen re-agieren; das ist glauben.

• Jeder gegenwärtige Augenblick ist ein Sendbote Gottes, der Weisung gibt.

• Wach sein, bereit sein sind die Eigenschaften, die mit dem »gegenwärtigen Augenblick« korrespondieren.

Schrifttext

Seht euch also vor, und bleibt wach! Denn ihr wißt nicht, wann die Zeit da ist. Es ist wie mit einem Mann, der sein Haus verließ, um auf Reisen zu gehen: Er übertrug alle Verantwortung seinen Dienern, jedem eine bestimmte Aufgabe; dem Türhüter befahl er, wachsam zu sein. Seid also wachsam! Denn ihr wißt nicht, wann der Hausherr kommt, ob am Abend oder um Mitternacht, ob beim Hahnenschrei oder erst am Morgen. Er soll euch, wenn er plötzlich kommt, nicht schlafend antreffen. Was ich aber euch sage, das sage ich allen: Seid wachsam! (Mk 13,33–37).

Gebet

Herr Jesus Christus,
in einem Augenblick der Geschichte,
der von Ewigkeit her bestimmt war,
bist du in diese Welt eingetreten.
Du hast jeden Augenblick
mit Sinn erfüllt,
weil du in Menschen,
Ereignissen und Situationen
immer wieder neu
in unser Leben trittst.

Wir aber erkennen dich nicht
im Heute, im Hier und Jetzt.
Vielmehr suchen wir dich
im Gestern und im Morgen
und merken nicht,
daß wir dich so
niemals finden können.

Schenke uns ein waches Herz
für dein Kommen
im Heute.
Schenke uns Augen,
damit wir dich in den Vorgängen,
Menschen und Anforderungen
eines jeden Augenblicks
erkennen.
Schenke uns Bereitschaft,
diesem Anruf
mutig zu folgen
in dem Vertrauen,
alles zu können in dem,
der uns stärkt.

Ein ruhiges Haus

Ein ruhiges Haus, sagen Sie? Ja, jetzt ist es ein ruhiges Haus. Aber noch vor kurzem war es die Hölle. Über uns und unter uns Familien mit kleinen Kindern, stellen Sie sich das vor. Das Geheul und Geschrei, die Streitereien, das Trampeln und Scharren der kleinen zornigen Füße. Zuerst haben wir nur den Besenstiel gegen den Fußboden und gegen die Decke gestoßen. Als das nichts half, hat mein Mann telefoniert. Ja, entschuldigen Sie, haben die Eltern gesagt, die Kleine zahnt, oder die Zwillinge lernen gerade laufen. Natürlich haben wir uns mit solchen Ausreden nicht zufriedengegeben. Mein Mann hat sich beim Hauswirt beschwert, jede Woche einmal, dann war das Maß voll! Der Hauswirt hat den Leuten oben und den Leuten unten Briefe geschrieben und ihnen mit der fristlosen Küngigung gedroht. Danach ist es gleich besser geworden. Die Wohnungen hier sind nicht allzu teuer und diese jungen Ehepaare haben gar nicht das Geld, umzuziehen. Wie sie die Kinder zum Schweigen gebracht haben? Ja, genau weiß ich das nicht. Ich glaube, sie binden sie jetzt an den Bettpfosten fest, so daß sie nur kriechen können. Das macht weniger Lärm. Wahrscheinlich bekommen sie starke Beruhigungsmittel. Sie schreien und juchzen nicht mehr, sondern plappern nur noch vor sich hin, ganz leise, wie im Schlaf. Jetzt grüßen wir die Eltern wieder, wenn wir ihnen auf der Treppe begegnen. Wie geht es den Kindern, fragen wir sogar. Gut, sagen die Eltern. Warum sie dabei Tränen in den Augen haben, weiß ich nicht.

Marie Luise Kaschnitz

Anregungen für ein Gespräch

- Damit wir nicht ungerecht über andere urteilen: Wie hätten Sie sich verhalten – als Gestörte? Als Eltern? Als Hausbesitzer?
- Sollten wir nicht zunächst eine Lanze brechen für die belästigten Hausbewohner? Vielleicht waren sie alt oder nervenschwach oder Schichtarbeiter; vielleicht brauchten sie dringend Ruhe – sogar ärztlich verordnet. Vielleicht hatten sie selbst keine Kinder oder die waren schon erwachsen. Ganz sicher aber hatten sie ihre eigene Kindheit und die ihrer Kinder vergessen.
- Vieles im Leben ist eine Sache starker Nerven. Aber wer hat sie noch in dieser Hektik, in diesem Dauerstreß, in diesem ständigen Aggressionsstau? Es ist zum Unter-die-Decke-gehen.

• Die Belästigten entscheiden sich für diese Methode. Das Gespräch mit den Eltern der Kinder wird nicht gesucht. Ein Telefonat mit Vorhaltungen ist kein Gespräch. Die Auseinandersetzung wird aus der Position des Stärkeren geführt; wenn alle Stricke reißen, werden die Gestörten Recht bekommen. Das Handeln aus einer Rechtsposition kann unmenschlich sein.

• Und was hätte das Gespräch vermocht! Die beiden Parteien hätten ihre unterschiedlichen Auffassungen darlegen, ihren Gesundheitszustand beschreiben, um Verständnis für die Kinder werben, einen Kompromiß anstreben können.

• Die Eltern sitzen am kürzeren Hebel. Die Wohnung ist preiswert und für einen Umzug fehlt das Geld. Es bleibt ihnen nur der ständige Rückzug: Entschuldigungen und Erklärungen für den Lärm der Kinder. Die Belästigten unterstellen, daß die Erklärungen nicht auf Wahrheit beruhen, sondern Ausreden, vorgeschobene Gründe sind.

Verärgerungen machen blind für die Wahrheit, sie machen hart und unfair.

• Wie sollte sich der Hauswirt verhalten? Mit seiner Reaktion hat er lange gewartet. Jede Woche einmal hat er die Beschwerde entgegennehmen müssen. Unter diesem Dauerbeschuß mußte er schließlich tätig werden. Sollte er die Anschuldigungen zurückweisen? Sollte er mit allen Betroffenen ein Gespräch arrangieren? Sollte er die Gestörten zu beruhigen suchen?

Wenn seine Reaktion rechtlich möglich war, war sie damit auch moralisch vertretbar?

• Der Kündigungsbrief wirkt das gewünschte Wunder; aber für welchen Preis! Kinder dürfen nicht mehr Kinder sein. Die »Ungebundenen« werden angebunden; Körper und Stimme können sich nicht entfalten; Tabletten beeinträchtigen ihr Wachstum.

Jetzt ist wieder Ruhe im Haus, unmenschliche Ruhe, Friedhofsruhe!

• Viele Menschen sehen im Kind nur eine Belastung, eine Einschränkung ihrer Möglichkeiten, nicht aber ein Geschenk. Ein Vater sagte mir einmal: »Bei der Geburt meines Kindes bin ich gläubig geworden.« Müßten wir nicht wieder eine neue Einstellung zum Kind bekommen? Daß es ein Glück ist für die Familie und auch für die Welt; daß man sich über das Spiel der Kinder, ihr Laufen und Rufen auch freuen kann!

• Tagore hat gesagt: »Jedes Kind, das geboren wird, bringt von Gott die Botschaft mit, daß er noch nicht an der Menschheit verzweifelt.«

• Es gibt auch noch viele Menschen, die das Kind als Segen, als Gnade empfinden. Sicher ein kühnes Wort. Vater- und Muttersein ist nicht nur eine Sache wirtschaftlicher Berechnung. Das Kind will angenommen sein.

Adoption ist nicht ein Rechtsvorgang, sondern ein Liebesvorgang. Es handelt sich um eine innere, nicht äußere Annahme des Kindes. Was ich aber annehme, ist mir gegeben, besser noch: anvertraut.

- Viele Eltern betrachten ihr Kind als Eigentum; sie meinen, sie könnten darüber verfügen. Im Letzten aber müssen sie es freigeben.
- Was wird aus den Kindern, die nicht angenommen, die sogar angebunden werden? Werden in ihnen nicht Aggressionen angestaut und Rachegefühle geweckt? Wie werden solche Kinder später im Leben stehen und in die Gesellschaft hineinwirken? Ist das den gestörten Hausbewohnern völlig egal?
- Aus der Position des Siegers ist das Grüßen leicht. Die Gestörten haben sich durchgesetzt – auf Kosten der Kinder und ihrer Eltern. Mußten die Tränen der Eltern sie nicht nachdenklich machen? Sie haben doch die an den Kindern vorgenommenen Zwangsmaßnahmen gekannt und gelten lassen. Vielleicht liegt darin ihre größte Schuld.
- Kinder sind oft Ursachen für Konflikte; dennoch dürfen Konflikte niemals auf dem Rücken der Kinder ausgetragen werden.
- Erziehung ist nicht leicht; es geht bei ihr um die Mitte zwischen Freiheit und Führung, zwischen kindlicher Rücksichtslosigkeit und kindgemäßer Rücksichtnahme. Anti-autoritäre Erziehung hat sich längst als Fehlschlag erwiesen; partnerschaftliche Erziehung scheint der Weg zu sein.
- Die Geschichte von Marie Luise Kaschnitz ist vielschichtig und tief; sie verdient keine einseitige Interpretation. Die Geschichte ist auch eine Anfrage an unsere Gesellschaft, in der solche hellhörigen Häuser und Wohnungen gebaut werden. Auch darin zeigt sich die Kinderfeindlichkeit dieser Zeit.

Schrifttext

Da brachte man Kinder zu ihm, damit er ihnen die Hände auflegte. Die Jünger aber wiesen die Leute schroff ab. Als Jesus das sah, wurde er unwillig und sagte zu ihnen: Laßt die Kinder zu mir kommen, hindert sie nicht daran! Denn Menschen wie ihnen gehört das Reich Gottes. Amen, das sage ich euch: Wer das Reich Gottes nicht so annimmt, wie ein Kind, der wird nicht hineinkommen. Und er nahm die Kinder in seine Arme; dann legte er ihnen die Hände auf und segnete sie (Mk 10,13–16).

Gebet

Herr Jesus Christus,
du hast die Kinder,
die sogar von den Aposteln
als Belastung empfunden und
zurückgewiesen wurden,
in deine Arme geschlossen
und gesegnet.
In deinen Augen waren sie
ein Glück für die Welt.

Wir aber empfinden sie oft
als Störung und Last,
weil sie
uns unsere Ruhe nehmen,
eine Ferienreise nicht gestatten,
Konflikte hervorrufen und
Sorgen bereiten können.

Gib uns ein liebendes Herz
für die Kinder,
damit wir sie annehmen
und verstehen,
ihnen verzeihen
und Spiel-Raum gewähren.
Wir wollen uns den Kindern gegenüber
so verhalten,
daß sie an uns nicht irre werden,
sondern von uns Liebe erfahren,
und so selbst lieben lernen.

Puppenspieler

Der alte Puppenspieler ist tot, riefen die Puppen in ihrem windigen Häuschen auf dem Pincio, die Königin, der Präsident, die Blumenkinder, der Hanswurst und das Kokodrill. Endlich können wir uns bewegen, wie wir wollen, wir zappeln nicht mehr an seinen Drähten, seine Finger stecken nicht mehr in unseren Armen, Daumen und kleiner Finger und sein Mittelfinger in unserem Kopf. Die Stücke, die wir spielen, sind nicht mehr seine Erfindung, sie fangen nicht mehr an, wenn er den Vorhang aufzieht und enden nicht mehr, wenn er ihn herunterläßt. Er kann uns, wenn wir ausgedient haben, nicht mehr in die Mülltonne stecken, wir sind nicht mehr seine Kreaturen, auch nicht seine lieben Kinder, er hat keine Macht mehr über uns, er ist tot. Damit schickten die Puppen sich an, ihr erstes Stück zu spielen, das »Das Begräbnis des Puppenspielers« hieß. Sie gingen hinter einer schäbigen Kiste her, der sie von Zeit zu Zeit kräftige Fußtritte versetzten. Dazu sangen sie Spottlieder und weinten heuchlerische Tränen, die keines besser zustande brachte als das Kokodrill. Dieses Stück gefiel den Puppen so gut, daß sie es unaufhörlich wiederholten. Den Zuschauern gefiel es auch, aber mit der Zeit wurden sie unruhig. Sie hätten auch gern einmal etwas anderes gesehen.

Marie Luise Kaschnitz

Anregungen für ein Gespräch

- Sind die Puppen größenwahnsinnig? Was sind sie ohne den Puppenspieler mit seinen Ideen, seinem Bühnenbild, seiner Technik, seiner Dramaturgie, seinem Theaterstück, seiner Regie, seinen Fingern, seiner Sprache? Die Puppen sind tot, sie hängen an unsichtbaren Drähten und werden von unsichtbaren Händen bewegt. Was sind sie ohne den Puppenspieler?
- Aber ist diese Geschichte nicht auch ein Protest gegen diese Welt? Geschieht nicht auf dieser Erde ähnliches? Viele Menschen werden von wenigen manipuliert, gesteuert, beeinflußt, ausgebeutet, in Anspruch genommen, an Fäden gezogen. Und wenn sie ausgedient haben, werden sie fallen gelassen. Heute sind sie die »lieben Kinder«, morgen nur noch »nichtsnutzige Kreaturen«. Auch »Könige« und »Präsidenten« werden gelenkt, nicht nur die Kleinen und Schwachen.
- Die Freude der Puppen über den Tod des Puppenspielers ist ein Ausdruck für das Verlangen der Menschen nach Freiheit, nach Selbständigkeit, nach Eigenverantwortung und schöpferischem Tun. Sie wollen selbst erfinden und entscheiden und nicht ständig von anderen gegängelt werden. Sie wollen nicht nur Kreatur, sie wollen kreativ sein.
- In der heutigen Gesellschaft wird der Spiel- und Entscheidungsraum für den einzelnen mehr und mehr eingeengt. Viele Lebensbereiche sind durch Gesetze und Verordnungen vorentschieden; eine Fülle von Vorschriften

und Ausführungsbestimmungen sorgt für weitere Festlegungen. Die Herrschaft der Bürokratie macht das Leben unerträglich, obwohl viele es noch nicht so empfinden. Begründungen für die eigene Sicherheit sollen diese Herrschaftsstruktur plausibel machen. Vieles Verfügte mag wichtig und unverzichtbar sein; aber hängen die Menschen nicht dadurch an unsichtbaren Drähten, die von anderen gezogen werden?
Werden die Menschen auf die Dauer in einem solchen eingeengten Lebensraum existieren können oder werden sie sich Luft verschaffen?

- Ob die Dichterin auch gegen monopolisiertes Wissen protestieren wollte? Die Welt ist so kompliziert geworden, daß in manchen Bereichen der Technik, der Wissenschaft, der Verwaltung nur noch einige wenige Menschen Bescheid wissen. Alle anderen müssen ihnen blind vertrauen. Was ist, wenn dieses Vertrauen mißbraucht, wenn die wenigen Wissenden ohne ethische Bindung, ohne Verantwortungsbewußtsein sind?
- Die Puppen mußten warten, bis der Puppenspieler starb. Dann bekamen sie Macht über ihn. Ihre ganze angestaute Wut konnten sie in ihrem selbstgeschriebenen Theaterstück austoben. Sie fanden auch Zuschauer, die zu diesen Racheausbrüchen applaudierten. Auf die Dauer aber genügt es nicht, im Negativen, in Kritik und Vergeltung stecken zu bleiben. »Das bloße Nein vermag zu wenig«, sagt J. F. Görres. Menschsein verlangt mehr; es verlangt Güte, Verzeihen und positive Weltgestaltung.
- Fast alle menschlichen Aufstände und Revolutionen sind der Versuchung erlegen, in der Zerstörung und Rache zu verharren. Die einen schufen Kriegsgerichte, andere Revolutionsräte, wieder andere Militärtribunale. Darum sind auch so viele Aufstände ergebnislos geblieben und in Rache und Blut erstickt.
- Siegen ist eine Kunst. Den Sieg erringen ist ein leichtes im Vergleich zum Sieger-sein.
- Jesus hat das Verlangen des Menschen nach Herrschaft gebrochen durch die Aufforderung zum Dienen. Anders kann die Tyrannei in der Welt wohl nicht überwunden werden.

Schrifttext

Als die zehn anderen Jünger das hörten, wurden sie sehr ärgerlich über die beiden Brüder. Da rief Jesus sie zu sich und sagte: Ihr wißt, daß die Herrscher ihre Völker unterdrücken und die Mächtigen ihre Macht über die Menschen mißbrauchen. Bei euch soll es nicht so sein, sondern wer bei euch groß sein will, der soll euer Diener sein, und wer bei euch der Erste sein will, soll euer Sklave sein. Denn auch der Menschensohn ist nicht gekommen, um sich dienen zu lassen, sondern um zu dienen und sein Leben hinzugeben als Lösegeld für viele (Mt 20,24–28).

Gebet

Herr Jesus Christus,
wir Menschen sind in deine Hand geschrieben.
Wir hängen an dir.
Du gibst uns Weisung und Rat.
Du führst uns.
Du bist der große Puppenspieler,
der Dirigent dieser Welt.
Aber dennoch achtest du unsere Freiheit,
du gibst Raum zum Leben.
Und wenn das Ende kommt,
wirfst du uns nicht in die Mülltonne,
sondern läßt uns weiterleben
in der Herrlichkeit des Himmels.

Wir aber möchten Herren sein,
schlechte Puppenspieler,
die andere
einengen,
unterdrücken,
ausnutzen,
nicht gelten lassen.
Alle sollen nach
unserer Pfeife tanzen.

Laß uns Puppenspieler werden,
wie du einer bist:
nicht herrschsüchtig, sondern dienstwillig,
nicht mißachtend, sondern respektierend,
nicht unterdrückend, sondern helfend.
Laß uns begreifen,
daß jeder Mensch
Puppe und Spieler
zugleich ist.

Sussja, der seine Pfeife raucht

Zum Maggid von Mesritsch kamen einst zwei Glaubensbrüder und brachten dies vor: »Unsere Weisen haben ein Wort gesprochen, das uns keine Ruhe läßt, weil wir es nicht fassen können. Das ist das Wort, der Mensch solle Gott für das Übel lobpreisend danken wie für das Gute und solle es in gleicher Freude empfangen. Ratet uns, Rabbi, wie wir es fassen.«
Der Maggid antwortete: »Geht in das Lehrhaus, da werdet ihr Sussja finden, wie er seine Pfeife raucht. Er wird euch die Deutung sagen.«
Die beiden gingen ins Lehrhaus und legten Rabbi Sussja ihre Frage vor. Als er sie angehört hatte, legte er seine Pfeife auf die Seite, lachte und erklärte ihnen: »Da habt ihr euch den Rechten ausgesucht! Ihr müßt euch schon an einen anderen wenden, und nicht an einen wie mich, dem zeitlebens kein Übel widerfuhr.«
Sie aber wußten, daß das Leben von Rabbi Sussja vom Tag seiner Geburt an bis zu diesem Tag aus nichts anderem als Not und Leid gewoben war. Da verstanden sie, was es heißt, Leid in Liebe empfangen.

Aus Erzählungen der Chassidim

Anregungen für ein Gespräch

- Oft ist das Leben undurchsichtig, so daß man den zu gehenden Weg nicht erkennen kann; auch die Glaubenslehren sind oft schwer zu verstehen, widersprüchlich, gegen das »normale Empfinden«. Darum hatten alle Religionen, Konfessionen, Glaubensrichtungen ihre Lehrer und geistlichen Autoritäten, die viel vom richtigen Leben und von der Interpretation der jeweiligen Heilslehre verstanden. Der Maggid von Mesritsch war innerhalb der Chassidim eine solche Autorität, die für kluge Antworten und wichtige Lebensregeln bekannt war.
- Bezeichnend, wie diese Glaubensbrüder über die Worte ihrer Weisen nachdachten. Die Worte wurden nicht einfach hingenommen, sondern meditiert und diskutiert; im Nach-denken und im Gespräch versuchten sie, hinter ihren Sinn zu kommen. Die Brüder hatten »keine Ruhe«, wenn es ihnen nicht gelang, den Sinn zu erfassen.

»Der Mensch soll Gott für das Übel lobpreisend danken wie für das Gute und soll es in gleicher Freude empfangen«, war so ein unbegreifliches Wort.

- Wir stehen ähnlich hilflos vor diesem Wort. Kann denn Übel, Leid, Krankheit und Not einen Wert haben, so daß man dafür dankbar sein müßte? Kann man Flüchtlingselend, Verfolgung und Konzentrationslager »in gleicher Freude empfangen« wie das Gute? Wer diese Frage leichtfertig bejaht, weiß nichts von den schrecklichen Greueltaten dieser Welt. Muß nicht unerbittlicher Kampf gegen alles Übel in der Welt oberstes Gesetz eines jeden Menschen, eines jeden Christen sein?

• Vielleicht kann die Lehre der Weisen überhaupt nicht von denen verstanden werden, die in ihrem Leben nur Gutes empfangen haben. Gehört nicht zum Verständnis dieser Weisheit eine menschliche Reife, die eben ohne Leid nicht werden kann? Gehört nicht dazu eine im Feuer menschlicher Belastungen erprobte und bewährte Liebe? »Keine Speise wird gar, und kein Brot wird gebacken ohne Feuer. Und doch will der Mensch reif werden ohne Leid«, sagt ein chinesisches Sprichwort.

• Der große Maggid schien ähnlich zu empfinden. Obwohl er eine Autorität ist zur Beantwortung von Lebensfragen, mußte er bei dieser empfinden, daß seine Kompetenz nicht ausreicht. Hier muß einer gefragt werden, der etwas vom Leid versteht, weil er es bewältigt hat. So schickt er die Glaubensbrüder weiter zu Sussja, der »seine Pfeife raucht«.

• Der Hinweis auf das Pfeife-Rauchen kann für die Fragenden nicht sehr ermutigend gewesen sein. Pfeife-Rauchen läßt auf Feierabend, Glück und Zufriedenheit schließen. Und genauso war auch seine Antwort: »Ihr müßt Euch schon an einen anderen wenden und nicht an einen wie mich, dem zeitlebens kein Übel widerfuhr.« Wie konnte Rabbi Sussja so reden?

• Ich erinnere mich an einen Kranken in einer Klinik im Ruhrgebiet, den ich einige Jahre als Seelsorger betreut habe. Er war völlig verkrüppelt, wie ein Korkenzieher verdreht und konnte nur Tag und Nacht in seinem Bett sitzen. Wenn man zu ihm kam und ihn ansprach, war er nicht in der Lage, den Kopf so weit zu erheben, daß ein Blickkontakt möglich wurde: Meine wiederholt gestellte Frage: »Wie geht es Ihnen heute?« erhielt regelmäßig die Antwort: »Danke, mir geht es heute gut.« Und seine Gegenfrage: »Wie geht es Ihnen?« hätte ich am liebsten beantwortet: »Mir geht es viel schlechter als Ihnen.« Aber angesichts dieses Leidens blieb mir die Antwort im Mund stecken. Von diesem Kranken bin ich jedesmal wieder aufgerichtet und froh weggegangen. Ich glaube, daß er das Wort der Weisen verstanden hatte und es zu leben wußte.

• Die Weisen haben nicht gesagt, man solle Gott um das Leiden bitten, sondern man solle es annehmen, wenn es kommt. Wahrscheinlich gelingt nur wenigen Menschen, es beim ersten Auftreten zu bewältigen. In den meisten Fällen wird ein Kampf um Annahme oder Ablehnung entbrennen, dessen Ausgang ungewiß ist. Rabbi Sussja hat ihn für sich entschieden: Er hat das Leid hinter sich gelassen, so daß es ihm nichts mehr antun konnte.

Er konnte gelassen zur Pfeife greifen und von sich sagen, ihm sei zeitlebens kein Übel widerfahren.

• Die Fragen nach den Ursachen des Leidens in der Welt und nach den Absichten Gottes, der schreckliches Leid zugelassen hat, haben viele Antworten gefunden. Vielleicht ist keine einzige zufriedenstellend. Die Tatsache der Liebe ist überzeugender und stärker als jedes Argument; es sei denn, die Liebe selbst ist das Argument.

• Jeder muß auf das Leid, das ihn trifft, seine eigene Antwort finden. Glücklich, wer ein solches Vertrauen zu Gott hat, daß er – wie Rabbi Sussja – »Leid in Liebe empfangen« kann, weil es »in Liebe« gegeben wurde.

Schrifttext

Damit ich mich wegen der einzigartigen Offenbarungen nicht überhebe, wurde mir ein Stachel ins Fleisch gestoßen: ein Bote Satans, der mich mit Fäusten schlagen soll, damit ich mich nicht überhebe. Dreimal habe ich den Herrn angefleht, daß dieser Bote Satans von mir ablasse. Er aber antwortete mir: Meine Gnade genügt dir; denn sie erweist ihre Kraft in der Schwachheit. Viel lieber also will ich mich meiner Schwachheit rühmen, damit die Kraft Christi auf mich herabkommt. Deswegen bejahe ich meine Ohnmacht, alle Mißhandlungen und Nöte, Verfolgungen und Ängste, die ich für Christus ertrage; denn wenn ich schwach bin, dann bin ich stark (2 Kor 12,7–10).

Gebet

Herr Jesus Christus,
durch dein Leiden hast du uns erlöst.
Aber du hast es nicht erbeten.
Gegen Unrecht und Not
hast du leidenschaftlich gekämpft.
Und als deine Stunde kam,
hast du den Vater gebeten,
er möge den Kelch vorübergehen lassen.
Doch hast du den Willen des Vaters
über deinen eigenen gestellt.

Wir aber sind gelassen
gegenüber dem Unrecht und Leid,
das anderen geschieht.
Nur bei uns selbst
schreien wir auf
und wehren uns gegen alles Übel,
das uns widerfährt.

Gib uns das Verlangen,
alles Unrecht und Leid,
soweit wir es vermögen,
von anderen Menschen fernzuhalten.
Und stärke unser Vertrauen zu Gott,
damit es sich im Leid nicht beirren läßt,
sondern uns sprechen hilft:
Nicht mein Wille geschehe,
sondern der deine.

Chance der Bärenraupe, über die Straße zu kommen

Keine Chance. Sechs Meter Asphalt.
Zwanzig Autos in einer Minute.
Fünf Laster. Ein Schlepper. Ein Pferdefuhrwerk.

Die Bärenraupe weiß nichts von Autos.
Sie weiß nicht, wie breit der Asphalt ist.
Weiß nichts von Fußgängern, Radfahrern, Mopeds.

Die Bärenraupe weiß nur, daß jenseits
Grün wächst. Herrliches Grün, vermutlich freßbar.
Sie hat Lust auf Grün. Man müßte hinüber.

Keine Chance. Sechs Meter Asphalt.
Sie geht los. Geht los auf Stummelfüßen.
Zwanzig Autos in der Minute.

Geht los ohne Hast. Ohne Furcht. Ohne Taktik.
Fünf Laster, ein Schlepper. Ein Pferdefuhrwerk.
Geht los und geht und geht und geht und kommt an.

Rudolf Otto Wiemer

Anregungen für ein Gespräch

• Im Leben gibt es aussichtslose Situationen, ohne Überlebenschance. Viele Menschen könnten über solche Situationen berichten, weil sie sie selbst erfahren haben: Unfälle, schwere Krankheiten, eingekesselt im Krieg, Gefangenschaft, große Gefahren während einer Urlaubsreise. Manchmal erschien das Überleben so aussichtslos wie bei einer Bärenraupe, die eine stark befahrene Straße überqueren will. Aber wir sind doch durchgekommen.

• Ist das Schicksal der Bärenraupe nicht unser Schicksal?
Ist ihr Ziel nicht unser Ziel: das Grün – das Leben?
Ist ihr Weg nicht unser Weg: die stark befahrene Straße – die vielfachen Gefahren des langen irdischen Lebensweges?
Ist ihr Risiko nicht unser Risiko: die Autos, die stark sind und gegen die eine Raupe sich nicht wehren kann? Auch für die Menschen sind Autos gefährlich; man kann leicht unter die Räder kommen. Aber auch Flugzeugabstürze, Überschwemmungen, Erdbeben, oder Verlassenheit, Diffamierung, Einsamkeit, Mißachtung, Lieblosigkeit – alles Situationen, die tödlichen Ausgang verheißen.

• Es ist ein unumstößliches Gesetz: Wer ins Leben will, muß sich auf den Weg zur anderen Seite machen, er muß sich von dieser Seite lösen, um auf die andere zu kommen.
Manchmal muß man trotz aller Aussichtslosigkeit aufbrechen und weitergehen.

• Die Bärenraupe kannte ihr Ziel.

• Die andere Seite – das ist: Sonne innen und außen, Sorglosigkeit und Freude, Erholung und neue Kräfte, Gesundheit und Lebenssinn, eine tiefere Sicht des Alltags, Trost in der Trauer, Hoffnung und Liebe. Der Weg zur anderen Seite ist das Streben nach dem, wovon man wieder leben kann, weil es auf der eigenen Seite nicht zu finden war.

• Manchmal stehen wir unter der Verpflichtung weiterzugehen, manchmal unter der umzukehren.

• Hat die Bärenraupe Glück gehabt? Hat sie ihre Chance genutzt? War ihr Ankommen Fügung? Schicksal? Wurde sie von ihrem Lebensdrang sicher geleitet? Kannte sie die Gefahren?

• Oft kennen wir Menschen die Gefahren, die uns lauern. Vielen können wir ausweichen, anderen müssen wir uns aussetzen. Es gibt kein Leben ohne Risiko.

• Wenn wir durchkommen, verdanken wir vieles unserer eigenen Klugheit und Umsicht. Aber mit Intelligenz allein können wir nicht überleben. Wir brauchen eine Hand, die uns führt.

• Die Bärenraupe ist im Vergleich zu den Autos, Lastern, Schleppern und Fuhrwerken wie der Ohnmächtige vor dem Mächtigen. Der Mächtige bestimmt, er ist in überlegener Position, er kann alles niederwalzen. Wieviele Menschen müssen sich in ein solches Schicksal fügen!
Wie eine Bärenraupe auf der Straße erscheinen wir oft vor den Entwicklungen, dem Unrecht, der Unterdrückung auf dieser Erde. Der Kleine wird überrollt; er ist ohne Einfluß und ohne Macht.

• Daß die Bärenraupe durchgekommen ist, macht denen Mut, die ohne Hoffnung sind.

• »Die Chance der Bärenraupe« ist eine tröstliche Geschichte. Ohne davon zu reden, spricht sie von der Güte Gottes, der sich um den Menschen sorgt, vor allem um den, der schwach und unbedeutend ist. »Wer kann mit seinen Sorgen die Zeit seines Lebens auch nur um eine Elle verlängern?« (Mt 6,27).

• Wer holt uns über ans andere Ufer? Uns Wanderer zwischen beiden Welten?

Schrifttext

Nachdem er sie weggeschickt hatte, stieg er auf einen Berg, um in der Einsamkeit zu beten. Spät am Abend war er immer noch allein auf dem Berg. Das Boot aber war schon viele Stadien vom Land entfernt und wurde von den Wellen hin und her geworfen; denn sie hatten Gegenwind. In der vierten Nachtwache kam Jesus zu ihnen; er ging auf dem See. Als ihn die Jünger über den See kommen sahen, erschraken sie, weil sie meinten, es sei ein Gespenst, und sie schrien vor Angst. Doch Jesus begann mit ihnen zu reden und sagte: Habt Vertrauen, ich bin es; fürchtet euch nicht! Darauf erwiderte ihm Petrus: Herr, wenn du es bist, so befiehl, daß ich auf dem Wasser zu dir komme. Jesus sagte: Komm! Da stieg Petrus aus dem Boot und ging über das Wasser auf Jesus zu. Als er aber sah, wie heftig der Wind war, bekam er Angst und begann unterzugehen. Er schrie: Herr, rette mich! Jesus streckte sofort die Hand aus, ergriff ihn und sagte zu ihm: Du

Kleingläubiger, warum hast du gezweifelt? Und als sie ins Boot gestiegen waren, legte sich der Wind. Die Jünger im Boot aber fielen vor Jesus nieder und sagten: Wahrhaftig, du bist Gottes Sohn (Mt 14,23–33).

Gebet

Herr Jesus Christus,
dir muß die ganze Welt gehorchen:
Stürme und Meere,
Natur und Sterne,
Mächte und Gewalten.
Sogar alle Erfindungen der Menschen
sind deiner Herrschaft unterworfen.

Wir aber sind stolz auf unsere Errungenschaften
und nennen sie unser eigen.
Wir tun, als ob wir mächtig wären.
Dabei sind wir wie Raupen auf der Straße.
Lang ist der Weg zur anderen Seite,
schleppend unser Gang;
angstvoll ducken wir uns vor den Gefahren,
die über uns hinwegbrausen.

Du weißt, wie klein wir sind,
wie wenig wir uns schützen können.
Wenn wir nur auf uns setzen,
sind wir verloren.
Laß uns deiner Führung vertrauen,
grenzenlos und ohne Vorbehalt,
weil du versprochen hast,
jedes Haar sogar
auf unserem Haupte zu schützen.

Der Traum vom Gesichtertausch

Als ich träumte, was ich jetzt erzähle,
drängten Tausende durch jenes Haus.
Und als ob es irgendwer befehle
und das eigene Antlitz jeden quäle,
zogen alle die Gesichter aus.

Wie beim Umzug Bilder von den Wänden
nahmen wir uns die Gesichter fort.
Und dann hielten wir sie in den Händen,
wie man Masken hält, wenn Feste enden.
Aber festlich war er nicht, der Ort.

Ohne Mund und Augen, kahl wie Schatten,
griffen alle nach des Nachbarn Hand,
bis sie wiederum Gesichter hatten.
Schnell und schweigend ging der Tausch vonstatten.
Jeder nahm, was er beim andern fand.

Männer hatten plötzlich Kindermienen.
Frauen trugen Bärte im Gesicht.
Greise lächelten wie Konkubinen.
Und dann stürzten alle, ich mit ihnen,
vor den Spiegel, doch ich sah mich nicht.

Immer wilder wurde das Gedränge.
Einer hatte sein Gesicht entdeckt!
Rufend zwängte er sich durch die Menge.
Und er trieb sein Antlitz in die Enge.
Doch er fand es nicht. Es blieb versteckt.

War ich jenes Kind mit langen Zöpfen?
War ich dort die Frau mit rotem Haar?
War ich einer von den kahlen Köpfen?
Unter den verwechselten Geschöpfen
sah ich keines, das ich selber war.

Da erwachte ich vor Schreck. Mich fror.
Irgendeiner riß mich an den Haaren.
Finger zerrten mich an Mund und Ohr.
Ich begriff, als sich die Angst verlor,
daß es meine eignen Hände waren.

Ganz beruhigt war ich freilich nicht.
Trug ich Mienen, die mich nicht betrafen?
Hastig sprang ich auf und machte Licht,
lief zum Spiegel, sah mir ins Gesicht,
löschte aus und ging beruhigt schlafen.

Erich Kästner

Anregungen für ein Gespräch

- Ein Gesicht ist keine Maske. Masken kann man herstellen; die eine kann genauso aussehen wie die andere. Gesichter sind keine Massenware; jedes Gesicht ist ein Original.
- Das Gesicht verändert sich; das junge Gesicht ist anders als das alte. Aber gerade das Gesicht stellt die Kontinuität her und garantiert, daß es zu einem bestimmten Menschen gehört.
- Wer ein Gesicht trägt, ist keine Maschine und keine Nummer. Wer ein Gesicht trägt, ist ein Mensch.
- Jedes Gesicht ist anders; es gibt nicht zweimal dasselbe Gesicht. Was muß der Schöpfer Phantasie haben!
- Das Gesicht verrät die Einmaligkeit des Menschen.
- Ohne Gesicht ist der Mensch nicht mehr zu erkennen; er ist nach der Aussage des Gedichtes »kahl wie der Schatten«. Der Schatten ist dunkel und ohne Leben.
- Mit dem Gesicht kann man sich ausdrücken; man kann Freude und Leid, Begeisterung und Glück, Schmerz und Traurigkeit zeigen. Mit dem Gesicht kann man sich offenbaren; man kann das Innere nach außen wenden.
- Ein Mensch kann sein Gesicht verlieren.
- Das Gesicht ist eine Lebensbeschreibung.

»In jedes Menschen Gesichte
steht seine Geschichte,
sein Hassen und Lieben
deutlich geschrieben« (Friedrich von Bodenstedt).

- Unter einer Maske kann man sich nicht ausdrücken; sie legt den Träger auf einen Ausdruck fest.
- Was ist mit dem Wort gemeint: Dieser Mensch trägt eine Maske? Geht es nicht um die Frage: Wer steckt hinter dieser Maske?
- Diejenigen, die ihre Gesichter getauscht hatten, standen vor der schrecklichen Frage: Wo ist mein Ich geblieben?
- Wer sein Gesicht abgibt, ist nicht mehr er selbst.
»Unter den verwechselten Geschöpfen
sah ich keines, das ich selber war.«
Das Gesicht steht für die Person selbst.
- Auch nach dem Erwachen blieben bei dem Träumenden Zweifel: Trage ich Mienen, die mich nicht betreffen? Setze ich ein Gesicht auf, das mein Ich nicht widerspiegelt? Habe ich meine Identität verloren, das soll heißen: Stimmt mein Gesicht mit mir wirklich überein? Ist mein Gesicht zur Maske geworden? Ist es versteinert? Habe ich ein »Gesicht von der Stange«?
- Darf das Gesicht verheimlichen? Darf es ein Geheimnis hüten?
- Gott hat gesagt: »Lasset uns den Menschen machen nach unserem Bild« (Gen 1,26).
- Der Evangelist berichtet, das »Gesicht Jesu leuchtete wie die Sonne« (Mt 17,2).

Schrifttext

Jetzt schauen wir in einen Spiegel und sehen nur rätselhafte Umrisse, dann aber schauen wir von Angesicht zu Angesicht. Jetzt erkenne ich unvollkommen, dann aber werde ich durch und durch erkennen, so wie ich auch durch und durch erkannt worden bin (1 Kor 13,12).

Gebet

Herr Jesus Christus,
du bist in die Welt gekommen,
um uns zu zeigen,
wie Gott ist.
In deinem Gesicht schauen wir
das Antlitz Gottes.
Dein Gesicht ist
Offenbarung.

Wir aber tragen Masken
aus Angst,
aus Stolz,
aus Kälte.
Wir wollen unser Inneres verbergen.
Wir träumen uns
in das Gesicht eines anderen hinein,
weil es schöner,
weil es gütiger,
weil es offener ist.

Damit spalten wir uns
und zerstören unser Ich.

Laß uns ja sagen
zu uns selbst,
zu unserem Gesicht,
zu unserer Gestalt,
zu unserer Begabung,
weil auch wir gemacht sind
nach dem Bild und Gleichnis Gottes
und sein Antlitz in unserem Antlitz
aufleuchtet.

Himmel und Hölle

Ein Rabbiner wurde von seinem Sohn gefragt: »Vater, wie stellst du dir Himmel und Hölle vor?« Der Rabbi antwortete: »Ich sehe einen Saal. Darin steht eine große Tafel mit köstlichen Speisen. Die Menschen an dieser Tafel haben steife Handgelenke. Sie haben Messer und Gabeln mit überlangen Stielen. Sie sind ihnen an ihre steifen Handgelenke gebunden. – Dann ertönt ein Zeichen, und alle stürzen sich auf die Speisen. Sie fahren mit ihren überlangen Messern und Gabeln umher, erreichen aber nichts. Sie werden immer gieriger, aber sie bekommen nichts in ihren Mund. So«, sagte der Rabbi, »scheint mir die Hölle zu sein.«
»Und wie sieht es im Himmel aus?« fragte der Sohn. »Wieder stelle ich mir einen Saal vor. Darin steht eine große Tafel mit köstlichen Speisen. Die

Menschen an dieser Tafel haben steife Handgelenke. Sie haben Messer und Gabeln mit überlangen Stielen. Sie sind ihnen an ihre steifen Handgelenke gebunden. – Dann ertönt ein Zeichen, und alle beginnen zu essen. Sie schneiden mit ihren überlangen Messern und füttern sich gegenseitig mit ihren überlangen Gabeln an den steifen Handgelenken. Sie essen und feiern miteinander ein Freudenmahl. So«, sagte der Rabbi zu seinem Sohn, »scheint mir der Himmel zu sein.«

Anregungen für ein Gespräch

- Die Suche nach dem Ort für die Guten und die Bösen hat von jeher die Phantasie der Menschen bewegt. Das Verlangen nach Belohnung und die Furcht vor Strafe für das gelebte Leben sind keine typisch christlichen Erkennungszeichen. Alle Religionen haben sich mit diesen Fragen befaßt. Der Unterschied liegt in dem »Wie« dieser Orte, in der Beschreibung des Zustandes im Diesseits oder Jenseits.
- Die Menschen haben immer darunter gelitten, daß es auf dieser Erde keine ausgleichende Gerechtigkeit gibt. Die einen sind reich, die anderen sind arm; die einen sind gesund, die anderen sind krank; die einen leben nach Gottes Willen, die anderen nach ihrem eigenen. Weil aber in der Vorstellung der Menschen einmal die Gerechtigkeit kommen muß, verlagern viele sie in die Zeit nach dem Tode.
- Auch in der Bibel hat sich eine Lohngerechtigkeit entwickelt. Viele alttestamentliche Menschen glaubten, mit der Erfüllung des Gesetzes könnten sie Gott zu einer Gegenleistung verpflichten. Weil die Menschen gut sind gegenüber Gott, muß Gott auch den Menschen gegenüber gut sein. Dieser Auffassung hat Jesus energisch widersprochen: »So sollt auch ihr, wenn ihr alles getan habt, was euch aufgetragen war, sagen: Wir sind unnütze Knechte; was wir zu tun schuldig waren, das haben wir getan« (Lk 17,10). Jesus wollte sagen: Was Gott euch gibt, steht in überhaupt keinem Verhältnis zu den kleinen Leistungen, die ihr erbringen könnt.
- Die Menschen haben sich in der Beschreibung von Himmel und Hölle immer schwer getan. Darum ist die Frage des Sohnes an den Rabbi verständlich: »Vater, wie stellst du dir Himmel und Hölle vor?«
- Auf dem Berliner Katholikentag 1952 berichtete der spätere Kardinal Volk von einem kleinen Jungen, der ihn gefragt hatte, ob er im Himmel noch Fußball spielen könne, Der damalige Theologieprofessor hat darauf geantwortet: »Wenn du im Himmel noch Fußball spielen willst, kannst du das; ob du es aber noch willst, ist eine andere Frage.«

• Wer dem Volke klarmachen wollte, wie Himmel und Hölle aussehen, hat immer zu irdischen Vergleichen und Bildern gegriffen. Selbst die Bibel hat diesen Weg gewählt.

• Wenn in der Bibel von der Hölle gesprochen wird, werden schreckliche und körperlich schmerzverursachende Elemente und Szenen beschrieben. »Ein Feuer wird brennen bis in die unterste Hölle« (5 Mos 32,22); »Tiefe der Hölle« (Ps 86,13); »Gewalt der Hölle« (Ps 49,16); »Ängste der Hölle« (116,3); »Rachen der Hölle« (Jes 5,14); »Pforten der Hölle« (Mt 16,18); »Verdammnis der Hölle« (Mt 23,33); »Qualen der Hölle« (Lk 16,23); »Schlüssel der Hölle und des Todes« (Offb 1,18).

Die Hölle ist ein Ort ohne Wiederkehr; es geht um ewige Verfallenheit und Trennung von allem Lebenden.

• Der biblische Begriff »Himmel« ist schwerer zu fassen, weil er mehrschichtig gebraucht wird. Der Himmel ist das Firmament, ein Teil des Kosmos. Er ist aber auch Thron und Wohnung Gottes. Später wird Himmel synonym für Gott gebraucht. Himmel ist da, wo Gott ist. Die Gerechten werden ewig bei Gott sein. »Unsere Heimat ist im Himmel« (Phil 3,20). Johannes beschreibt den Himmel als Lebensgemeinschaft mit Gott: »Wenn einer mich liebt, wird er mein Wort halten, und mein Vater wird ihn lieben, und wir werden zu ihm kommen und Wohnung bei ihm nehmen« (Joh 14,23).

• In der biblischen Beschreibung von Himmel und Hölle setzt sich mehr und mehr die Auffassung durch, daß beide als Kräfte in diese Welt hineinwirken und Einfluß auf das Leben nehmen. Das bedeutet, daß Himmel und Hölle nicht erst im Jenseits beginnen, sondern bereits in diesem Leben die Menschen zu erfassen suchen.

• Nun wird die Antwort des Rabbi in unserer Geschichte aktuell. Himmel und Hölle werden mit einem Mahl, einem Festessen mit herrlichsten Speisen verglichen. Wer nur an sich denkt, ist in der Hölle; wer nur an den anderen denkt, ist im Himmel.

• Liebe ist Himmel, Egoismus ist Hölle.

• Wo die Liebe ist, da ist Gott. Wo Gott ist, ist der Himmel.

Wo der Egoismus herrscht, da ist der Tod.

• Weil Liebe und Egoismus auf dieser Erde so verbreitet sind, darum sind auch Himmel und Hölle auf dieser Erde verbreitet.

• Alle sind berufen, am Festmahl teilzunehmen. Nur wer aus der Liebe lebt, wer anderen dient, wird ein Freudenmahl feiern; wer aber Egoist ist, wird die Schönheiten zwar sehen, aber nicht in Anspruch nehmen können. Der Egoist ist unglücklich und macht unglücklich; Egoismus ist fundamentale Sünde.

• Der Egoist, der nur an sich denkt und alles in sich hineinstecken will, wird schließlich verhungern.
Der Dienende und Liebende, der alles weggibt, wird reich und glücklich werden.

Schrifttext

Es war einmal ein reicher Mann, der sich in Purpur und feines Leinen kleidete und Tag für Tag herrlich und in Freuden lebte. Vor der Tür des Reichen aber lag ein armer Mann namens Lazarus, dessen Leib voller Geschwüre war. Er hätte gern seinen Hunger mit dem gestillt, was vom Tisch des Reichen herunterfiel. Statt dessen kamen die Hunde und leckten an seinen Geschwüren. Als nun der Arme starb, wurde er von den Engeln in Abrahams Schoß getragen. Auch der Reiche starb und wurde begraben. In der Unterwelt, wo er qualvolle Schmerzen litt, blickte er auf und sah von weitem Abraham, und Lazarus in seinem Schoß (Lk 16,19–23).

Gebet

Herr Jesus Christus,
wo du bist,
da ist das Reich Gottes;
wo du bist,
da ist der Himmel.
Denn du hast
mit deiner Liebe zu den Menschen
die Herrschaft von Ichsucht, Hölle und Tod
gebrochen.

Wir aber haben dein Reich
auf den Kopf gestellt,
wenn wir meinen,
die Herrschaft des Ich
sei der Weg zum Leben,
und nicht unsere Bereitschaft zu dienen.

Befreie uns von diesem Irrtum
und zeige uns,
daß diese Herrschaft
ein Irrweg ist.
Nur wer dich liebt
und dem Nächsten dient,
erfährt die Schönheit des Himmels.
Nur zu ihm wirst du kommen
und Wohnung bei ihm nehmen.

Allahs Bote

Eine alte arabische Sage erzählt von einem Scheik, den man den »Großen« nannte. Eines Tages stand ein junger Mann in seinem Zelt und grüßte ihn. »Wer bist du?« fragte der Scheik. »Ich bin Allahs Bote und werde der Engel des Todes genannt.« Der Scheik wurde ganz bleich vor Schrecken. »Was willst du von mir?« – »Ich soll dir sagen, daß dein letzter Tag gekommen ist. Mach dich bereit. Wenn morgen abend die Sonne untergeht, komm ich, um dich zu holen.« Der Bote ging. Das Zelt war leer. Fröhlich klatschte der Scheik in die Hände und befahl einem Sklaven, das schnellste und beste Kamel zu satteln. Er lächelte noch einmal, weil er an den Boten dachte, der morgen abend das Zelt leer finden würde.
Bald war der Scheik weit in der Wüste draußen. Er ritt die ganze Nacht und den ganzen Tag trotz der brennenden Sonne. Er gönnte sich keine Rast. Je weiter er kam, um so leichter war ihm ums Herz. Die Sonne war nicht mehr weit vom Rande der Wüste entfernt. Er sah die Oase, zu der er wollte. Als die Sonne unterging, erreichte er die ersten Palmen. Jetzt war er weit, weit weg von seinem Zelt. Müde stieg er ab, lächelte und streichelte den Hals seines Tieres: »Gut gemacht, mein Freund.« Er führte sein müdes Tier zum Brunnen. Und am Brunnen saß ruhig und wartete der Bote, der sich Engel des Todes genannt hatte, und sagte: »Gut, daß du da bist. Ich habe mich gewundert, daß ich dich hier, so weit entfernt von deinem Zelt abholen sollte. Ich habe mit Sorge an den weiten Weg und an die brennende Sonne und an dein hohes Alter gedacht. Du mußt sehr schnell geritten sein ...«

Nach Fiedler

Anregungen für ein Gespräch

- Der Tod ist ein unerträgliches Geheimnis, an das sich kein Menschenherz gewöhnen kann. Aus der Sicht des Ursprungs gehört der Tod nicht zum Menschen. Weil diese »ursprünglichen« Empfindungen im Menschen lebendig sind, wehrt er sich in der Regel mit aller Kraft gegen den »Engel des Todes«.
- Alle Generationen der Menschheit haben mit dem Tod gerungen, weil er so radikal und total das Leben zerstört. Wenn er zugegriffen hat, ist nichts mehr rückgängig zu machen; alles ist verloren. Darum wurde versucht, ihn zu überlisten, zu besiegen, zu versöhnen oder wenigstens hinauszuschieben.
- Die heutigen Wissenschaften halten viele Möglichkeiten bereit, das Menschenleben zu verlängern. Medizinisch könnte es auf etwa 130 Jahre ausgedehnt werden – wenn nichts dazwischen kommt. Aber dann ist wiederum das Ende da. Es will nicht gelingen, den Tod zu besiegen.
- Der Scheik griff zur List; er glaubte, der »Engel des Todes« würde sich auch in den Kategorien von Raum und Zeit bewegen. Darum mußte mit dem schnellsten und besten Kamel etwas zu machen sein. Nach seiner Meinung war dieser Vorsprung von Allahs Boten nicht aufzuholen.
- »Die Welt ist geschwätzig und vorlaut, solange alles gut geht. Nur wenn jemand stirbt, dann wird sie verlegen, dann weiß sie nichts mehr zu sagen. Genau an dem Punkt, wo die Welt schweigt, richtet die Kirche eine Botschaft aus. Ich liebe die Kirche um dieser Botschaft willen« (Hildegard Knef in ihrem Buch »Das Urteil«).
- Für jeden Menschen gibt es die entscheidende Stunde zwischen Leben und Tod, der sich niemand entziehen kann. Flucht ist der schlechteste Versuch, ihr auszuweichen. Auch plötzliche Änderung der Marschrichtung oder der Berufswechsel in einen ungefährlicheren Job bewirkt nichts.
- Niemals haben wir im Leben so sehr die Erfahrung der gefesselten Hände auszuhalten wie im Angesicht des Todes.
- Was uns am Tod schockiert, ist seine Plötzlichkeit, obwohl wir ein Leben lang darum gewußt haben. »Alles hat schon den Tod in sich, wenn es geboren wird« (Rahner).
- Der Scheik wurde »bleich vor Schrecken«, weil Todesangst ihn befiel. Die meisten Menschen werden im Augenblick des Todes von ihr befallen. Wenn sie sich weit von ihm entfernt wähnen, sind sie gelassener – die einen aus Glauben, die anderen aus Unglauben.
- Allahs Bote war noch gnädig und entgegenkommend, weil er dem Scheik einen Tag der Vorbereitung ließ. Wie würden wir diese letzte Frist

nutzen? Von Luther ist das Wort überliefert: »Wenn ich weiß, daß ich morgen sterben muß, werde ich heute noch ein Bäumchen pflanzen.«

• Jeder Mensch stirbt in seinem Leben viele Tode. Sterben ist kein einmaliger Akt; es hat eine lange Geschichte. Die Trennung von einem geliebten Menschen gehört vielleicht dazu oder ein schwerer Schicksalsschlag, eine verlorengegangene berufliche Position oder der Tod eines Angehörigen, der Weg in die Gefangenschaft oder eine erlittene Niederlage, eine unheilbare Krankheit oder ein Leben ohne Sinn und ohne jede Hoffnung.

Aber es gibt nicht nur Tode im Leben; es gibt auch Auferstehungen. Allerdings sind sie nicht möglich ohne Glauben. Für den Glaubenden kann jedes Sterben ein Stück Auferstehung sein.

• Es gibt aber auch Menschen, die im Angesicht des Todes bereit sind zu folgen. Sie haben das Sterben eingeübt und aus der Überzeugung gelebt: Ich werde nicht sterben, sondern nur Abschied nehmen. Das Grab ist für sie ein Zeichen des Abschieds, nicht des Todes.

• »Auf *eine* Weise werden wir geboren, auf tausendfache Weise sterben wir« (aus Jugoslawien).

• Für viele Menschen ist der Tod nicht Ende, Wand, Zerstörung, Absturz, Nicht-mehr-sein, sondern Neubeginn und Leben – mit ganz anderen Möglichkeiten.

»Wir schreiten von Anfang zu Anfang, bis wir an einen Anfang kommen, dem kein Ende mehr beschieden ist«, sagt Augustinus.

• Der Glaubende erfährt den Tod wie jener Junge, der in einen tiefen Schacht gefallen war. Als sich der Vater darüber beugte, um ihn zu retten, schrie der Junge vor Angst auf, weil es ganz dunkel im Schacht wurde. Aber der Vater sagte zu seinem Sohn: »Wenn es dunkel wird, dann habe keine Angst; denn ich bin es.«

• Für viele Menschen steht über ihrem Leben und Sterben das Wort »Schicksal«. Auch für Christen könnte das gelten; aber für sie ist es nicht blind. Hinter dem Schicksal steht für Christen immer eine Person. Das Schicksal umschreibt, was uns geschickt ist; und was uns geschickt ist, das ist uns auch anvertraut.

• Nicht sterben ist schwer, Abschied nehmen ist schwer, sagte eine ältere Frau kurz vor ihrem Tod.

• Der Gedanke ist unvorstellbar, daß Menschen Eintagsfliegen sind. Der innere Widerstand der Menschen gegen Tod und Ende legt vielmehr die Vermutung nahe, daß sie zu Leben und Vollendung berufen sind.

• Auch die Sehnsucht der Menschen nach Unsterblichkeit ist verläßliche Auskunft darüber, daß der Tod nicht das Letzte sein kann.

- »Das Leben hat nur dann einen Sinn, wenn der Tod einen Sinn hat« (Joh. Messmer).
- Jesus von Nazareth hat das Tot-sein mitgemacht und damit die zerstörerische Kraft des Todes gebrochen. Auf dem Grund der Tiefe des Todes finden wir sein und damit unser Leben.
- Auferstehung Christi verlangt, daß »das neue Leben im Herzen des Glaubenden auf-geht« (D. Sölle).
- Wer keinen Glauben hat, bleibt ohne Antwort.
- Der Ungläubige sagt: gestorben zum Tode;
der Gläubige sagt: gestorben zum Leben.
- Große Freude wird sein am Ende ohne Ende.

Schrifttext

Legt euren Gürtel nicht ab, und laßt eure Lampen brennen! Seid wie Menschen, die auf die Rückkehr ihres Herrn warten, der auf einer Hochzeit ist, und die ihm öffnen, sobald er kommt und anklopft. Selig die Knechte, die der Herr wach findet, wenn er kommt. Amen, ich sage euch: Er wird sich gürten, sie am Tisch Platz nehmen lassen und sie der Reihe nach bedienen. Und kommt er erst in der zweiten oder dritten Nachtwache und findet sie wach – selig sind sie. Bedenkt: Wenn der Herr des Hauses wüßte, in welcher Stunde der Dieb kommt, so würde er verhindern, daß man in sein Haus einbricht. Haltet auch ihr euch bereit! Denn der Menschensohn kommt zu einer Stunde, in der ihr es nicht erwartet (Lk 12,35–40).

Gebet

Herr Jesus Christus,
du bist den Weg des Todes gegangen,
um das Menschenschicksal zu teilen.
Du bist den Weg des Todes gegangen,
um die Macht des Todes zu brechen.
Du bist den Weg des Todes gegangen,
um alle Toten ins Leben zu führen.

Wir aber zweifeln.
Wir fragen uns:
Ist der Tod nicht doch das Ende?
Wird es wirklich weitergehen?
Was kommt nach dem Tod?

Überwinde unsere Zweifel!
Laß uns deiner Verheißung
auf einen neuen Himmel und eine neue Erde
glauben,
wo wir leben,
wo wir glücklich sind,
wo wir Gemeinschaft haben
mit dir und allen Menschen
in Ewigkeit.

Wie ich ein Fisch wurde

1
Am 27. Mai um drei Uhr hoben sich aus ihren Betten
Die Flüsse der Erde, und sie breiteten sich aus
Über das belebte Land. Um sich zu retten
Liefen oder fuhren die Bewohner zu den Bergen raus.

2
Als nachdem die Flüsse furchtbar aufgestanden,
Schoben sich die Ozeane donnernd übern Strand,
Und sie schluckten alles das, was noch vorhanden,
Ohne Unterschied, und das war allerhand.

3
Eine Weile konnten wir noch auf dem Wasser schwimmen,
Doch dann sackte einer nach dem andern ab.
Manche sangen noch ein Lied, und ihre schrillen Stimmen
Folgten den Ertrinkenden ins nasse Grab.

4
Kurz bevor die letzten Kräfte mich verließen,
Fiel mir ein, was man mich einst gelehrt:
Nur wer sich verändert, den wird nicht verdrießen
Die Veränderung, die seine Welt erfährt.

5
Leben heißt: Sich ohne Ende wandeln.
Wer am alten hängt, der wird nicht alt.
So entschloß ich mich, sofort zu handeln,
Und das Wasser schien mir nicht mehr kalt.

6
Meine Arme dehnten sich zu breiten Flossen,
Grüne Schuppen wuchsen auf mir voller Hast;
Als das Wasser mir auch noch den Mund verschlossen,
War dem neuen Element ich angepaßt.

7
Lasse mich durch dunkle Tiefen träge gleiten,
Und ich spüre nichts von Wellen oder Wind,
Aber ich fürchte jetzt die Trockenheiten,
Und daß einst das Wasser wiederum verrinnt.

8
Denn aufs neue wieder Mensch zu werden,
Wenn man's lange Zeit nicht mehr gewesen ist,
Das ist schwer für unsereins auf Erden,
Weil das Menschsein sich zu leicht vergißt.

Günter Kunert

Anregungen für ein Gespräch

- Verschiedene Assoziationen werden in der ersten Strophe geweckt: Englische Flugzeuge zerstören im Zweiten Weltkrieg mit Spezialbomben die Sperrmauern deutscher Talsperren; Staudämme brechen in Indien; nach wochenlangen Regenfällen treten Flüsse über die Ufer; in der Bibel wird von der Sintflut berichtet. Es handelt sich immer um die gleiche, auch hier beschriebene Katastrophe: Meterhohe Wasserwände schieben sich über das Land und begraben Häuser und Dörfer unter sich. Retten können sich nur die, die schnell auf die Berge flüchten.
- Aber auch die Berge bieten keinen Schutz mehr. Als ob Atombomben die Weltmeere aufgewühlt hätten, so ergießen sich die Ozeane über die ganze Erde und verschlucken alles.

Schwimmen hilft nur kurze Zeit. Dann lassen die Kräfte nach, und jeder muß sich in das Unvermeidbare fügen.

• Das Singen vor dem Tod ist wie der trotzige Gesang von Widerstandskämpfern auf dem Weg zur Hinrichtung.

• Der Dichter aber hat eine Idee: Wenn der Mensch sich der neuen Situation anpaßt, dann kann er überleben. Er gibt sein Mensch-sein auf und verwandelt sich in einen Fisch. Aus dieser Erfahrung wird die Konsequenz gezogen: Im Leben kann nur der bestehen, der sich ständig wandelt und sich anpaßt.

• Das ist eine gefährliche These. Der Dichter beschreibt das Risiko dieser lebenslangen Anpassung: Wer »sich ohne Ende wandelt«, wird zwar leben können, aber er wird sein Menschsein verlieren.

• Wer leben will, muß untertauchen, muß sich einfügen in die Meinung der Masse. Was kann schon einer gegen die ganze Welt ausrichten! Aus dieser Erkenntnis neigen viele Menschen dazu, Konformisten zu sein. »Die Leute haben mehr Angst, Außenseiter zu sein als zu sterben« (Erich Fromm).

• Aber ist das noch ein Mensch, der so lebt? Ist das ein Mensch, der sich anpaßt, um sich durchzusetzen; der sich anpaßt, um eine bestimmte Stelle zu bekommen; der sich anpaßt, um nicht aufzufallen?
Ist das nicht der Wechselbalg?
Ist das nicht der, der mit den Wölfen heult?
Ist das nicht der, der heute mit Füßen tritt, was er gestern angebetet hat?
Ist das nicht ein Mensch ohne Rückgrat, vor dem man keine Achtung haben kann? Wer sich total anpaßt, ist kein Mensch mehr und wird nach dem Bild der Erzählung ein Fisch.

• Das Ende dieser Erzählung ist ein hartes Urteil über das Schicksal des Angepaßten: Selbst wenn er es wollte, würde es schwer für ihn sein, wieder Mensch zu werden, weil er es selbst nicht vermag und weil vor allem die anderen Menschen ihm seinen ehrlichen Willen nicht abnehmen.
Der Angepaßte bleibt der Ausgestoßene.

• Sicher gibt es Notwendigkeiten, sich auf neue Gegebenheiten einzustellen. Von jedem Menschen und von jeder Institution wird eine solche Flexibilität verlangt, wenn nicht tötende Versteinerungen und schreckliche Ungerechtigkeiten eintreten sollen. Auffassungen, Ideen, Menschen und Gesellschaften ändern sich; darauf müssen Staat und Kirche eingehen.

• Papst Johannes XXIII. hat vom Aggiornamento der Kirche an die Welt gesprochen. Aber er wußte, daß dieser Weg der Kirche eine Gratwanderung ist: Sie muß nah an die Welt heran, damit sie ihre Botschaft versteht; aber sie darf nicht zu nah an die Welt kommen, damit sie nicht verweltlicht. Dem Papst ging es um die Frage: »Wo sind die Herzen der Menschen?« Und damit wollte er gerade das Menschsein retten.

- Man darf sich nicht einfach an das Alte hängen mit dem Argument, daß es immer so gewesen sei. Gegen diese Auffassung wendet sich Bert Brecht: Das Alte spricht: »So wie ich bin, bin ich seit je«; Das Neue spricht: »Bist du nicht gut, dann geh.«
- Bei der Forderung nach Anpassung kommt es darauf an, vom Ursprung und von der Zielsetzung her nach dem weiteren Weg zu fragen.
- Mitten im Wandelbaren gibt es das Unwandelbare.
- »Früher oder später muß man Partei ergreifen, wenn man Mensch bleiben will« (B. Shaw).

Schrifttext

Ihr seid das Salz der Erde. Wenn das Salz seinen Geschmack verliert, womit kann man es wieder salzig machen? Es taugt zu nichts mehr; es wird weggeworfen und von den Leuten zertreten. Ihr seid das Licht der Welt. Eine Stadt, die auf einem Berg liegt, kann nicht verborgen bleiben. Man zündet auch nicht ein Licht an und stülpt ein Gefäß darüber, sondern man stellt es auf den Leuchter; dann leuchtet es allen im Haus. So soll euer Licht vor den Menschen leuchten, damit sie eure guten Werke sehen und euren Vater im Himmel preisen (Mt 5,13–16).

Gebet

Herr Jesus Christus,
du bist in die Welt gekommen,
ohne ihr gleichförmig zu werden.
Nicht die Welt hat
dich umgestaltet,
sondern du hast die Welt verwandelt.
Du hast dein Werk vollendet
gegen die Fluten
von Schuld und Ablehnung
und dadurch die Menschen gerettet.

Wir aber schauen auf unsere Umgebung
und passen uns an,
weil uns dieser Weg für unser Menschsein
erfolgreicher,

ungefährlicher,
gewinnbringender
erscheint.

Rufe uns in deine Nachfolge.
Je mehr wir dir folgen,
um so mehr sind wir Salz für die Welt
und
Licht für die Menschen.
Je mehr wir dir folgen,
um so mehr werden wir selbst
Mensch.

Die Rettungsstation

An einer gefährlichen Küste, die schon vielen Schiffen zum Verhängnis geworden war, befand sich vor Zeiten eine kleine, armselige Rettungsstation. Das Gebäude war nicht mehr als eine Hütte, und dazu gehörte nur ein einziges Boot; aber die Handvoll Freiwilliger versah unentwegt ihren Wachtdienst und wagte sich tags wie nachts unermüdlich und ohne Rücksicht auf ihr eigenes Leben hinaus, um Schiffbrüchige zu bergen. Dank diesem bewundernswerten kleinen Stützpunkt wurden so viele Menschen gerettet, daß er bald überall bekannt wurde. Viele der Erretteten und andere Leute aus der Umgebung waren nun auch gern bereit, Zeit, Geld und Energie zu opfern, um die Station zu unterstützen. Man kaufte neue Boote und schulte neue Mannschaften. Die kleine Station wuchs und gedieh.
Vielen Gönnern dieser Rettungsstation gefiel das ärmliche und schlecht ausgerüstete Gebäude nicht mehr. Die Geretteten benötigten doch einen etwas komfortableren Ort als erste Zuflucht. Deshalb wurden die provisorischen Lagerstätten durch richtige Betten ersetzt und das erweiterte Gebäude mit besserem Mobiliar ausgestattet. Doch damit erfreute sich die Seerettungsstation bei den Männern zunehmender Beliebtheit als Aufenthaltsort; sie richteten sie sich noch gemütlicher ein, da sie ihnen als eine Art Clubhaus diente. Immer weniger Freiwillige waren bereit, mit auf Bergungsfahrt zu gehen. Also heuerte man für die Rettungsboote eine eigene Besatzung an. Immerhin schmückte das Wappen des Seenotdienstes

noch überall die Räume, und von der Decke des Zimmers, in dem gewöhnlich der Einstand eines neuen Clubmitglieds gefeiert wurde, hing das Modell eines großen Rettungsbootes.
Etwa zu dieser Zeit scheiterte vor der Küste ein großes Schiff, und die angeheuerten Seeleute kehrten mit ganzen Bootsladungen frierender, durchnäßter und halbertrunkener Menschen zurück. Unter den schmutzigen und erschöpften Schiffbrüchigen befanden sich Schwarze und Orientalen. In dem schönen Clubhaus herrschte das Chaos. Das Verwaltungskomitee ließ deshalb gleich danach Duschkabinen im Freien errichten, damit man die Schiffbrüchigen vor Betreten des Clubhauses gründlich säubern könne.
Bei der nächsten Versammlung gab es eine Auseinandersetzung unter den Mitgliedern. Die meisten wollten den Rettungsdienst einstellen, da er unangenehm und dem normalen Clubbetrieb hinderlich sei. Einige jedoch vertraten den Standpunkt, daß Lebensrettung die vorrangige Aufgabe sei und daß man sich ja schließlich auch noch als »Lebensrettungsstation« bezeichne. Sie wurden schnell überstimmt. Man ließ sie wissen, daß sie, wenn ihnen das Leben all dieser angetriebenen schiffbrüchigen Typen so wichtig sei, ja woanders ihre eigene Rettungsstation aufmachen könnten. Das taten sie dann auch.
Die Jahre gingen dahin, und die neue Station wandelte sich genauso wie die erste. Sie wurde zu einem Clubhaus, und so kam es zur Gründung gar einer dritten Rettungsstation. Doch auch hier wiederholte sich die alte Geschichte. Wenn man heute diese Küste besucht, findet man längs der Uferstraße eine beträchtliche Reihe exklusiver Clubs. Immer noch wird sie vielen Schiffen zum Verhängnis; nur – die meisten der Schiffbrüchigen ertrinken.

Theodore Wedel

Anregungen für ein Gespräch

- Die Erzählung könnte mißverstanden werden. Es könnte der Eindruck entstehen, als ob den Geretteten nicht jede Hilfe, jede Verbesserung, jeder Komfort zuteil werden sollte. Man könnte meinen, gerade an denen, die soeben dem Tode entgangen sind, sollte gespart werden. Die ärmliche und schlecht ausgerüstete Rettungsstation mit den provisorischen Betten und dem alten Mobiliar genügte voll und ganz.

Das ist aber keineswegs das Anliegen dieses Gleichnisses.

- Man könnte diese Erzählung auf manche Institution anwenden, auf die Kirche, auf Krankenhäuser, auf Bildungsstätten, auf Sportvereine. Immer geht es darum, die ursprüngliche Zielsetzung der Institution nicht aus dem Auge zu verlieren und sie zu bewahren. In der Sprache der Erzählung heißt das: Die Schiffbrüchigen müssen gerettet werden.

- Es ist nicht unbedingt gesagt, daß die alten Ziele durch Veränderung verloren gehen. Bei der Kirche könnte man umgekehrt argumentieren: Wenn sie an alten Formen, Gebräuchen, Gebeten stur festhält und nicht auf neue soziologische Gegebenheiten, auf andere Fragen und Bedürfnisse der Menschen eingeht, wird bald keiner mehr zur Kirche kommen. Anstatt den Menschen zu sagen, daß Gott sie liebt und daß er ihnen Heil und Befreiung schenken will, wird sie ein Museum, in dem die Menschen alte Kultgegenstände, Monstranzen, Meßgewänder und ähnliches bewundern können. Wenn die Kirche ihre alten Ziele retten will, muß sie sich ständig verändern. Insofern stimmt das in der Kirche unumstrittene Prinzip: Ecclesia semper reformanda – die Kirche ist immer erneuerungsbedürftig.
- Es gibt Krankenhäuser, die sich zu solchen Zentren der Technik entwickelt haben, daß ein Besucher nur mit Angst und Schrecken die Operationssäle und Intensivstationen betrachten kann. Über jedem Krankenbett ist eine Fernsehkamera angebracht, die jede Bewegung des Kranken sorgfältig registriert und in das Stationszimmer überträgt. Natürlich sollen in den Kliniken und Krankenhäusern Verunglückte gerettet und Kranke gesund gemacht werden. Aber wenn Todkranke und Sterbende nicht mehr in Würde sterben können, wenn in diesen Häusern allein die Technik, nicht mehr die Menschlichkeit bestimmend ist, wenn für das trostvolle Gespräch des Arztes und der Krankenschwester mit dem Patienten kein Verständnis mehr vorhanden ist, wenn das, was wir Seele in einem Haus nennen, durch Apparate, Leitungen und Präparate ersetzt ist – dann ist die ursprüngliche Zielsetzung dieser Häuser fragwürdig geworden.
- Es gibt Jugendhäuser, die mit großem Kostenaufwand in Kommunen und Gemeinden für die Jugend erstellt worden sind. Aber die Architekten und Bauherren haben nicht nach den Bedürfnissen der Jugendlichen gefragt, sondern haben gebaut, was ihnen schön erschien: Wände mit empfindlichen Farben und Tapeten, Säle mit Teppichböden, Tagungsräume mit Sesseln. Weil die Jugend damit nicht viel anzufangen weiß und die schönen Heime verunstaltet, beschließen die Kuratorien oder Kirchenvorstände, die Jugendheime nur noch für Müttervereine, Kirchenchöre, Altenclubs freizugeben. Die Jugend steht vor der Tür. Das Haus wurde seiner eigentlichen Zielsezung beraubt.
- Nehmen wir Sportvereine. Einige Freunde des Sports haben sich zusammengeschlossen, um für sich und andere ein sportliches Angebot zu

machen. Sie haben erkannt, daß Spiel und Sport Freude bereiten können und daß die Menschen in dieser bewegungsarmen Zeit sich körperlich betätigen müssen, wenn sie gesund bleiben wollen. Mit großer Selbstverständlichkeit gehen sie für andere in Dienst, um ihnen zu helfen und das Sporttreiben zu ermöglichen. Bald aber haben sie entdeckt, daß sie durch eine gute Mannschaft im Lande bekannt werden und Geld verdienen können. Auf diese Weise gerät das sportliche Angebot unter ganz andere Gesichtspunkte. Sportler werden entsprechend präpariert, Wirtschaftsunternehmen steigen ein und versuchen, an Sportvereinen zu verdienen, Ärzte sehen ein neues Betätigungsfeld für interessante Versuche, Funktionäre wittern weitere Verdienstquellen. Intentionen und Motivationen in Sportvereinen werden unter der Hand verändert und ursprüngliche Zielsetzungen aufgegeben.

- Der barmherzige Samaritan hat ohne lange zu fragen den von den Räubern Überfallenen auf sein Pferd geladen und in die nächste Herberge gebracht. Wir haben Schwierigkeiten, einen Verunglückten, der blutend an der Straße liegt, in unser gepflegtes Auto zu nehmen, weil es verschmiert werden könnte. Wir haben Probleme, einen Gastarbeiter zu Weihnachten in unser Haus aufzunehmen, weil er das Familienfest stören könnte – ausgerechnet das Fest der Liebe Gottes zu den Menschen. So können wir überall im Alltag feststellen, wie die eigentlichen Ziele verlorengehen.
- Die Erzählung will uns für die Verschiebung ursprünglicher Zielsetzungen empfindsam machen. Wie kann eine solche Verschiebung verhindert werden?

Zunächst darf man nicht vom äußeren Erfolg ausgehen; der kann trügerisch sein. Es kommt darauf an, immer wieder neu nach den Grundbedürfnissen, nach den Sehnsüchten der Menschen zu fragen und zu forschen und darauf eine Antwort zu geben.

Nicht nur der Ertrinkende, jeder Mensch hat in der Tiefe seiner Existenz die Sehnsucht nach Rettung, Heil, Angenommensein, Freiheit, Glück und Unsterblichkeit. Und jeder sollte wissen, daß man diese tiefen Sehnsüchte nicht mit Mätzchen, mit Kühlschränken, mit billigen und leeren Versprechungen befriedigen kann. Es muß Menschen und Institutionen geben, die sich diesen Grundbedürfnissen zuwenden. Die Frage muß bleiben: »Wie können wir den Menschen helfen«, und nicht: »Wie können wir unser Schäfchen ins Trockene bringen, auf welche Weise können wir uns einen Vorteil verschaffen?« Es dürfen nicht insgeheim die Objekte ausgetauscht werden. Erst war es der andere, der Notleidende, jetzt tritt mein Ich gewollt oder unbemerkt an diese Stelle mit seinen eigenen Interessen und Bedürfnissen, wie es in der Geschichte eindrucksvoll dargelegt wird.

• Der Jesuitenpater Alfred Delp hat in der Todeszelle geschrieben: »Ob wir noch einmal den Weg zum Menschen finden, hängt ab von der Rückkehr der Kirche in die Diakonie, in den Dienst der Menschheit. Damit meine ich das Sich-Gesellen zum Menschen in allen seinen Situationen, das Nachgeben und Nachwandern auch in die äußersten Verlorenheiten.«

• Dienen ist eine hohe Forderung Jesu. Wer Gott dient, lebt im Kraftfeld des Größten und erhält dadurch Anteil an ihm selbst. Insofern ist dienen herrschen.

Genauso wichtig – aber vielleicht viel schwieriger – ist der Dienst am Menschen, das Dasein für andere in ihren Nöten und Anliegen.

• Wenn wir danach fragen, wer mit dem Ertrinkenden gemeint ist, sollten wir zunächst auf die wirklich Ertrinkenden hinweisen. Aber »in Seenot geraten« sind ja noch viele andere: junge Menschen mit Kreislaufbeschwerden, ja mit Herzinfarkt, nicht in die Gesellschaft aufgenommene Bürger, Einsame und Alte. Besonders bedrückend sind heute die seelischen Nöte, die oft gar nicht gesehen werden. »Es ist nun mal so auf unserer Welt: Ein Flugzeug, das die Schallmauer durchbricht, macht eben viel mehr Lärm als ein gebrochenes Herz« (Marilyn Monroe). Die Suche nach Glück ist die stärkste Antriebskraft menschlichen Verhaltens; aber eine verkehrte Glückssuche führt in die Verzweiflung. Dann entsteht das »existentielle Vakuum«.

• Es gibt unendlich viele Menschen, die Tag für Tag zur Stelle sind und für andere in Dienst gehen. Aber dieser Dienst ist keine Leistung in eine Richtung, keine Einbahnstraße, sondern ein Geben und Empfangen. Dienen ist sicher verzichten und verschenken, aber auch gewinnen.

Schrifttext

Es entstand unter ihnen ein Streit darüber, wer von ihnen wohl der Größte sei. Da sagte Jesus: Die Könige herrschen über ihre Völker, und die Mächtigen lassen sich Wohltäter nennen. Bei euch aber soll es nicht so sein, sondern der Größte unter euch soll werden wie der Kleinste, und der Führende soll werden wie der Dienende. Welcher von beiden ist größer: wer bei Tisch sitzt oder wer bedient? Natürlich der, der bei Tisch sitzt. Ich aber bin unter euch wie der, der bedient (Lk 22,24–27).

Gebet

Herr Jesus Christus,
du hast dich der ertrinkenden Welt
nicht verschlossen.
Du bist auf das stürmische Meer gefahren,
hast dein Leben eingesetzt,
um uns zu retten.
Du hast uns aufgetragen,
so auch für andere Diener zu sein.

Dienen aber ist schwer.
Dazu gehören
Einsatz,
Verzicht,
Teilen,
Zurückstellen eigener Interessen und Vorteile.
Wir möchten lieber
herrschen als dienen,
das Risiko meiden,
an uns selber denken.
Wir möchten wenigstens
unseren Dienst für andere bezahlt bekommen.

Befreie uns von einer solchen Gesinnung,
weil sie das Leben
kalt,
unmenschlich
und unbarmherzig macht.
Öffne unsere Ohren
für die Schreie der Menschen
und schenke uns Kraft,
ihnen in ihren Nöten
auch beizustehen.

Die Geschichte vom Holzpferd

»Das Holzpferd«, so heißt es, »lebte länger im Kinderzimmer als irgend jemand sonst. Es war so alt, daß sein brauner Stoffüberzug ganz abgeschabt war. Es war in Ehren alt und weise geworden ...«
»Was ist wirklich?« fragte eines Tages der Stoffhase, als sie Seite an Seite lagen. »Bedeutet es, Dinge in sich zu haben, die summen und mit einem Griff ausgestattet zu sein?« »Wirklich«, antwortete das Holzpferd, »ist nicht, wie man gemacht ist. Es ist etwas, was an einem geschieht. Wenn ein Kind dich liebt für eine lange, lange Zeit, nicht nur um mit dir zu spielen, sondern dich wirklich liebt, dann wirst du wirklich.« – »Tut es weh?« fragte der Hase. »Manchmal«, antwortete das Holzpferd. »Wenn du wirklich bist, dann hast du nichts dagegen, daß es wehtut.« – »Geschieht es auf einmal, so wie wenn man aufgezogen wird?« – »Es geschieht nicht auf einmal«, sagte das Holzpferd. »Du wirst. Es dauert lange. Das ist der Grund, warum es nicht oft an denen geschieht, die leicht brechen oder die scharfe Kanten haben oder die schön gehalten werden müssen. Im allgemeinen sind zur Zeit, da du wirklich sein wirst, die Augen ausgefallen; du bist wacklig in den Gelenken und sehr häßlich. Aber diese Dinge sind überhaupt nicht wichtig; denn wenn du wirklich bist, kannst du nicht häßlich sein, ausgenommen in den Augen von Leuten, die überhaupt keine Ahnung haben.«
»Ich glaube, du bist wirklich«, meinte der Stoffhase. Und dann wünschte er, er hätte das nicht gesagt – das Holzpferd könnte empfindlich sein. Aber das Holzpferd lächelte nur ...

M. Williams

Anregungen für ein Gespräch

- Auch Gespräche zwischen Pflanzen und Tieren können interessant und lehrreich sein. Pflanzen und Tiere gehören noch zum Bereich des Lebendigen. Aber Spielsachen, tote Gegenstände, können auch die miteinander sprechen und den Menschen etwas sagen? Die Geschichte vom Holzpferd gibt die Antwort.
- Das Holzpferd war alt und unansehnlich. Sooft hatten die Kinder mit ihm gespielt, es gezogen, darauf geritten, daß der Stoffüberzug ganz abgeschabt war. Die Kinder hatten wohl gerade dieses Spielzeug sehr geliebt.

• Ein bekannter Prediger in Deutschland hat einmal bei einer Spielzeugsammlung für Flüchtlingskinder ein Kind ausgeschimpft, das ihm seine alte, zerschlissene Puppe brachte. Er meinte, eine so häßliche Puppe dürfe ihm das Kind nicht anbieten. Ob er wohl bedacht hat, daß diese häßliche Puppe die Lieblingspuppe des Kindes war und daß es ein Stück von seinem Herzen gegeben hat?

• Die Frage nach der Wirklichkeit in dieser Welt ist eine philosophische Frage, eine Lebensfrage. In der Menschheitsgeschichte sind viele Antworten auf diese Frage gegeben worden. Die einen meinten, nur der Geist sei wirklich; andere entschieden sich für die Ideen, wieder andere für das, was man sehen und greifen kann.

• Der Stoffhase vermutete ebenfalls die Wirklichkeit in den sichtbaren, überprüfbaren Dingen: ein Griff und das, was Töne macht.

• Aber das Holzpferd stimmt dieser Vermutung nicht zu. Diese Beschreibung von Wirklichkeit ist viel zu vordergründig, viel zu vergänglich und zu zerbrechlich. Wie man gemacht ist – das ist nur äußerlich, darauf kommt es nicht an. Das Holzpferd führt den Stoffhasen in die geistige Welt, in eine Beziehung, die ein Mensch zu ihm hat.

• In einem Gespräch über Gott sagte einer zu dem anderen: »Gott kann es doch nicht geben. Keiner hat ihn gesehen oder angefaßt. Mein Verstand sagt mir, daß Gott eine Einbildung ist.« Darauf der andere: »Du behauptest, du hättest einen Verstand, obwohl du ihn nicht gesehen und gegriffen hast. Bist du sicher, daß du einen Verstand hast, oder ist es eine Einbildung?«

• Wirklich wirst du, wenn ein Kind dich liebt; damit ist gemeint, wenn ein Kind dich nicht zum Objekt degradiert, dich nicht ausnutzt, dich nicht zum Instrument macht, sondern dich als gleichwertigen und geschätzten Partner annimmt.
Das Spielzeug ist kein Spielzeug.
Menschen sind kein Spielzeug.

• Wenn einer den anderen wirklich liebt, entsteht eine Beziehung, die tragfähig ist und auch unter Belastungen hält. Auch zwischen Liebenden wird es Zumutungen und Verwundungen geben, die manchmal schmerzen können. Aber die »wirkliche« Liebe ist so stabil, so auf den anderen eingestellt, daß sie nicht zusammenbricht.

• Liebe kann man nicht einfach machen, wie ein Spielzeug aufgezogen wird; Liebe braucht Zeit und muß wachsen. Wer keine Ausdauer hat oder nicht warten kann, wer nur auf äußere Schönheit und Erfolg Wert legt, wird nie wirklich werden.

• Bis einer wirklich geworden ist, bis er die Reife seines Menschseins erreicht, ist die äußere Schönheit längst vergangen; an ihre Stelle tritt eine innere Schönheit, die Schönheit des Geistes und der Seele, Reife und Gutsein.

- Wer keine Ahnung vom Menschen hat, wer für innere Werte blind ist, der schaut nur auf das Äußere. Aber das Äußere kann allein keine tiefen, inneren Beziehungen schaffen. Ohne Liebe kommt keiner zur Fülle seines Menschseins.
- Oft ist es so: Je älter Menschen werden, um so wesentlicher werden sie. Sie entdecken in anderen noch wichtigere Werte als die, die ihnen früher so bedeutsam waren. Wie stabil sind Ehen, in denen dieser Prozeß gelingt.

Schrifttext

Gepriesen sei der Gott und Vater unseres Herrn Jesus Christus: Er hat uns mit allem Segen seines Geistes gesegnet durch unsere Gemeinschaft mit Christus im Himmel. Denn in ihm hat er uns erwählt vor der Erschaffung der Welt, damit wir heilig und untadelig leben vor Gott; er hat uns aus Liebe im voraus dazu bestimmt, seine Söhne zu werden durch Jesus Christus und nach seinem gnädigen Willen zu ihm zu gelangen, zum Lob seiner herrlichen Gnade. Er hat sie uns geschenkt in seinem geliebten Sohn; durch sein Blut haben wir die Erlösung (Eph 1,3–7).

Gebet

Herr Jesus Christus,
du hast die Menschen wirklich geliebt.
Du hast sie als Partner angenommen
und ihnen dein Heil geschenkt.
In dieser Liebe
konnten sie wachsen und reifen
und wirkliche Menschen werden.

Für uns aber ist der andere oft
kein geliebter Partner, sondern
Objekt,
Konkurrent,
Spielzeug,
Feind.

Wir urteilen nach dem Äußeren
und entdecken nicht
seine wahre, innere Gestalt.

Laß uns begreifen,
daß der andere in unserer Umgebung
nur in der Sonne unserer Liebe
wachsen und reifen
und dadurch »wirklich«
und Mensch werden kann.

Zwei Kameraden

Zwei Kameraden gingen durch den Wald; plötzlich sprang ein Bär hervor. Der eine lief weg und kletterte auf einen Baum, der andere blieb auf dem Pfad. Er warf sich auf die Erde und stellte sich tot.
Der Bär ging zu ihm und schnüffelte an ihm herum: Der Mann hörte sogar auf zu atmen.
Der Bär beroch sein Gesicht, glaubte, er sei tot und ging dann weg.
Als der Bär weggegangen war, kam der andere vom Baum und lachte: »Na«, sagte er, »was hat der Bär dir ins Ohr gesagt?«
»Er hat mir gesagt, daß diejenigen böse Menschen sind, die in Gefahr ihren Kameraden im Stich lassen.«

Leo Tolstoi

Anregungen für ein Gespräch

- Tolstoi wollte sicher nicht sagen, daß es keine guten Menschen mehr gibt oder nur die Hälfte der Menschen gut ist. Die Menschen sind sicher besser als ihr Ruf. Immer wieder stoßen wir auf die Helfer, auf die Geber, auf die, die bemüht sind, die Not in der Welt, an der sie nicht die geringste Schuld tragen, zu verringern.
- Hilfeleistung aus der Distanz und aus der eigenen Sicherheit ist allerdings relativ leicht. Zwar muß man sich auch von etwas trennen können, was einem wertvoll ist; aber diese Investition ist zu verkraften, zumal jeder in irgendeiner Weise von der Not anderer emotional angerührt wird.

• Es gibt aber auch Menschen, die in erster Linie an sich denken, nur an ihr eigenes Glück, ihre Ferienreise, ihren Wandschmuck – mitten im Wohlstand.

• Ein besonderer Gradmesser für die Hilfsbereitschaft ist die Hilfe in eigener Gefahr und in eigener Not. Gerade sie hat der Dichter mit seiner Erzählung ansprechen wollen. Dabei hat er noch eine Einschränkung gemacht: Er appelliert nicht einmal an die Hilfsbereitschaft zu jedem Menschen, sondern gegenüber dem Kameraden. Hier ist sein Urteil allerdings hart: »Der Bär hat mir gesagt, daß diejenigen böse Menschen sind, die in Gefahr ihren Kameraden im Stich lassen.«

• Es wird nicht beschrieben, warum der eine Kamerad nicht auch auf den Baum geklettert ist. Vielleicht war er nicht flink oder nicht wendig genug; vielleicht hat er sich auch von der Methode der Täuschung mehr Erfolg versprochen als von der Flucht auf den Baum.

• Es kann sein, daß der Kamerad auf dem Pfad dem anderen durch dieses Ablenkungsmanöver sogar das Leben gerettet hat. Hätte der Bär den anderen auf dem Baum entdeckt, wäre er wahrscheinlich nicht weiter gegangen, sondern hätte dessen Abstieg in Ruhe abgewartet.

• Der Dichter deutet mit keinem Wort an, in welcher Weise der auf den Baum geflohene Kamerad hätte helfen können. Sollte er den anderen heraufziehen? Sollte er mit dem Bären kämpfen?

Es geht in der Geschichte wohl um die Forderung, daß Kameraden in Gefahr sich niemals trennen sollen, weil sie aufeinander angewiesen und nur gemeinsam stark sind. Kameraden müssen sich aufeinander verlassen können. Zur Kameradschaft gehört, das Schicksal des anderen zu teilen.

• In dieser Welt ist die Solidarität unter den Menschen in besonderer Weise gefordert, nach der der eine für den anderen einsteht. Diejenigen, denen es gut geht, müssen denen helfen, die in Not geraten sind. Auch sie sind in den meisten Fällen an ihrem Schicksal schuldlos. Eine solche Geschichte muß daher heute in weltweiten Dimensionen gesehen und gedeutet werden.

• So könnten wir der »Kamerad« sein, der vor dem Hunger, dem Unrecht, der Verfolgung, dem Haß, der Unterdrückung, dem Flüchtlingselend, der blutigen Revolution einfach auf den Baum flüchtet und die Gefährdeten ihrem Schicksal überläßt.

• Beide Kameraden sind eine Frage an uns.

• Nach den Zeitungs- und Fernsehberichten gibt es scheinbar nur noch Not und Verbrechen in der Welt. Auch diese Einseitigkeit ist vom Übel. Warum wird so wenig über das Gute berichtet? Ist das Gute etwa langweilig? Wollen die Menschen nur Aufregendes, Zerstörerisches, leidvolles Menschenschicksal erfahren? Wird nicht unser Leidempfinden, unser Mit-Leiden, unser Mit-Leid stumpf? Müssen nicht die Berichte immer härter und grausamer werden, damit sie uns überhaupt noch anrühren?

- Vielleicht war der auf den Baum geflüchtete Kamerad ohne Phantasie, wie er dem anderen hätte beistehen können. Sind auch wir phantasielos geworden vor dem Leid und der Not der Welt? Brauchen wir nicht die Anregung durch positive Informationen und die Darstellung des Guten?
- Weil wir für die Hilfeleistung Anregungen und Maßstäbe brauchen, hier ein Beispiel: Ein Pfarrer hat sich vorgenommen, immer den gleichen Betrag für einen guten Zweck zu geben, den er für eine nicht unbedingt notwendige private Anschaffung aufwendet.
- Trotz der vielen guten Menschen werden wir immer wieder enttäuscht, allein gelassen und selbst der auf den Baum kletternde Kamerad sein.

Von Gott gilt das nicht; er wird nie den Menschen enttäuschen, ihn nie allein lassen, sich nie von ihm zurückziehen. Jahwe heißt: Ich bin der Da-seiende, und Jesus sagt: »Ich bin bei euch alle Tage bis ans Ende der Welt« (Mt 28,20).

Schrifttext

Darauf sagte Jesus zu seinen Jüngern: Wer mein Jünger sein will, der verleugne sich selbst, nehme sein Kreuz auf sich und folge mir nach. Denn wer sein Leben retten will, wird es verlieren; wer aber sein Leben um meinetwillen verliert, wird es gewinnen (Mt 16,24–25).

Gebet

Herr Jesus Christus,
Du bist vor dem Elend der Welt
nicht zurückgewichen.
Du bist nicht in Sicherheit geblieben,
als die Welt um Hilfe und Rettung schrie.
Du hast als Freund der Menschen
ihr Leid geteilt
und den Tod auf dich genommen.

Wir aber sind böse,
weil wir
in der eigenen Gefahr feige,
in der Not anderer phantasielos,
vor dem Leid der Menschen abgestumpft
sind.

Laß dein Leben und dein Wort
zum Maßstab werden für uns.
Hilf uns, damit wir uns nicht die Ohren zuhalten,
wenn du sagst:
wer sein Leben retten will,
wird es dabei verlieren;
wer es aber um meinetwillen verliert,
wird das wahre Leben finden.
Nur so können wir
gute Menschen werden.

Frederick

Rund um die Wiese herum, wo Kühe und Pferde grasten, stand eine alte, alte Steinmauer.
In dieser Mauer – nahe bei Scheuer und Kornspeicher – wohnte eine Familie schwatzhafter Feldmäuse.
Aber die Bauern waren weggezogen, Scheuer und Kornspeicher standen leer. Und weil es bald Winter wurde, begannen die kleinen Feldmäuse, Körner, Nüsse, Weizen und Stroh zu sammeln.
Alle Mäuse arbeiteten Tag und Nacht. Alle – bis auf Frederick.
»Frederick, warum arbeitest du nicht?« fragen sie.
»Ich arbeite doch«, sagte Frederick, »ich sammle Sonnenstrahlen für die kalten, dunklen Wintertage.«
Und als sie Frederick so dasitzen sahen, wie er auf die Wiese starrte, sagten sie: »Und nun, Frederick, was machst du jetzt?«
»Ich sammle Farben«, sagte er nur, »denn der Winter ist grau.«
Und einmal sah es so aus, als sei Frederick halb eingeschlafen.
»Träumst du, Frederick?« fragten sie vorwurfsvoll.

»Aber nein«, sagte er, »ich sammle Wörter. Es gibt viele lange Wintertage – und dann wissen wir nicht mehr, worüber wir sprechen sollen.«
Als nun der Winter kam und der erste Schnee fiel, zogen sich die fünf kleinen Feldmäuse in ihr Versteck zwischen den Steinen zurück.
In der ersten Zeit gab es noch viel zu essen, und die Mäuse erzählten sich Geschichten über singende Füchse und tanzende Katzen. Da war die Mäusefamilie ganz glücklich!
Aber nach und nach waren fast alle Nüsse und Beeren aufgeknabbert, das Stroh war alle, und an Körner konnten sie sich kaum noch erinnern.
Es war auf einmal sehr kalt zwischen den Steinen der alten Mauer, und keiner wollte mehr sprechen.
Da fiel ihnen plötzlich ein, wie Frederick von Sonnenstrahlen, Farben und Wörtern gesprochen hatte.
»Frederick!« riefen sie, »was machen *deine* Vorräte?«
»Macht die Augen zu«, sagte Frederick und kletterte auf einen großen Stein. »Jetzt schicke ich euch die Sonnenstrahlen. Fühlt ihr schon, wie warm sie sind? Warm, schön und golden?«
Und während Frederick so von der Sonne erzählte, wurde den vier kleinen Mäusen schon viel wärmer.Ob das Fredericks Stimme gemacht hatte? Oder war es ein Zauber?
»Und was ist mit den Farben, Frederick?« fragten sie aufgeregt.
»Macht wieder eure Augen zu«, sagte Frederick. Und als er von blauen Kornblumen und roten Mohnblumen im gelben Kornfeld und von grünen Blättern am Beerenbusch erzählte, da sahen sie die Farben so klar und deutlich vor sich, als wären sie aufgemalt in ihren kleinen Mäuseköpfen.
»Und die Wörter, Frederick?«
Frederick räusperte sich, wartete einen Augenblick, und dann sprach er wie von einer Bühne herab:
»Wer streut die Schneeflocken? Wer schmilzt das Eis?
Wer macht lautes Wetter? Wer macht es leis?
Wer bringt den Glücksklee im Juni heran?
Wer verdunkelt den Tag? Wer zündet die Mondlampe an?
Vier kleine Feldmäuse wie du und ich
wohnen im Himmel und denken an dich.
Die erste ist die Frühlingsmaus, die läßt den Regen lachen.
Als Maler hat die Sommermaus die Blumen bunt zu machen.
Die Herbstmaus schickt mit Nuß und Weizen schöne Grüße.
Pantoffeln braucht die Wintermaus für ihre kalten Füße.
Frühling, Sommer, Herbst und Winter sind vier Jahreszeiten.
Keine weniger und keine mehr. Vier verschiedene Fröhlichkeiten.«

Als Frederick aufgehört hatte, klatschten alle und riefen: »Frederick, du bist ja ein Dichter!«
Frederick wurde rot, verbeugte sich und sagte bescheiden: »Ich weiß es – ihr lieben Mäusegesichter!«

Leo Lionni

Anregungen für ein Gespräch

- Menschen können auch von Tieren lernen. Viele Tiere sagen uns durch ihr Leben, was wir falsch machen oder verlernt haben. So könnte der Esel uns darüber belehren, daß wir nicht so furchtbar hektisch sein sollen; der Elefant, wir sollten nicht so empfindlich sein; die Schnecke: wer langsam geht, kommt auch zum Ziel; das Schwein: Sauberkeit in Ehren, aber man kann auch alles übertreiben; die Ameise: ohne Fleiß kein Preis; der Hund: die Menschen sollen treu sein.
Viele Tiere könnten uns so unsere Mängel vorhalten.
- Auch die Feldmäuse in unserer Geschichte belehren uns. Früher hatten sie in der Nähe voller Scheunen und Kornspeicher gewohnt, so daß sie immer genug zu essen hatten. Aber nachdem die Bauern weggezogen waren, mußten sie selbst für ihren Unterhalt sorgen. Da der Winter Schnee brachte, konnten sie nicht überleben, wenn sie nicht große Vorräte anlegten.
- So deckten sie sich ein mit allem, was sie fanden. Tag und Nacht wurde alles Eßbare zusammengetragen. Alle Feldmäuse waren fleißig und arbeiteten – nur eine nicht: Frederick.
- Frederick hatte nichts dagegen, daß die anderen Vorräte anlegten. Er wußte um die Notwendigkeit der Nahrung; er wußte aber auch, daß die Nahrung allein nicht genügt, um leben zu können. Mit der Nahrung allein würden sie den Winter nicht überstehen.
- So sammelt Frederick Sonnenstrahlen, damit es im Winter warm ist; er sammelt Farben, damit die Welt nicht so traurig aussieht; er sammelt Wörter, damit sie im Winter etwas hatten, worüber sie sprechen konnten.
- Die Menschen brauchen für ihr Leben mehr als das Essen; sie brauchen einen Raum der Geborgenheit, das Gefühl, angenommen zu sein, sie brauchen Liebe. Wer so lebt, spürt Wärme und ist dankbar für die Sonnenstrahlen, die eingefangen wurden.
- Wer nur im grauen Alltag lebt, wer keine Höhen und Tiefen durchschreitet, muß schließlich traurig und unglücklich werden. Die Menschen brauchen neben Essen und Trinken, Kleiden und Schlafen die

Freude und das Glück, die Hoffnung und das Vertrauen. So wird das Leben farbig und bunt. Es ist gut, wenn es Menschen gibt, die darauf achten und Farben für den Winter, den jedes Leben erfährt, sammeln.

- Die Menschen können auch nicht einfach schweigend aneinander vorbei-leben; sie brauchen das Gespräch, den Austausch der Gedanken und Gefühle. Die Artikulation von Sorge und die Reaktion darauf, das tröstende, helfende Wort sind wichtig für menschliches Miteinander.
- Alles das wollten uns die Feldmäuse sagen, weil wir so nüchterne Realisten sind, die nur an Sicherheit, Geld und Beruf denken, die aber keine Zeit mehr haben für Stille und Gebet, für Meditation und Gottesdienst. »Der Mensch lebt nicht vom Brot allein« (Lk 4,4).
- Auch geistige Vorräte muß der Mensch anlegen, wenn er überleben will. Frederick erschien in der Geschichte als der Träumer, der Bequeme und Faulenzer, der auf Kosten anderer Leben will; aber in Wirklichkeit hat er ganz entscheidende »Gaben« gesammelt und den anderen Feldmäusen das Leben verschönert, wenn nicht gar gerettet.
- Die Afrikaner sagen: »Wir müssen warten, bis unsere Seelen nachkommen.« Wie wichtig ist diese Erfahrung für uns, die wir nicht mehr zur Ruhe und Besinnung, zum Verweilen und Nachdenken, zum Atemschöpfen und Überprüfen kommen. Weil wir immer neue Erfahrungen machen, neue Informationen bekommen, vor neuen Aufgaben stehen, können wir nur noch das »Allerwichtigste« tun. Vom »Allerwichtigsten« allein aber kann man nicht leben.
- Es gibt Menschen, die für diese Notwendigkeiten eine Antenne haben; es gibt andere, die sie nicht begreifen. Wie die eine Feldmaus stellvertretend für die anderen dachte, sammelte, meditierte, so muß es auch unter den Menschen sein. Kirchen, Klöster, christliche Gemeinden können Oasen und Lebenszentren für die Welt sein. Der starke Besuch von Klöstern, die irgendwo in der Einsamkeit liegen, bestätigt unsere Geschichte.
- Das »Überflüssige« ist wichtig.

Schrifttext

Was sorgt ihr euch um eure Kleidung? Lernt von den Lilien die auf dem Feld wachsen: Sie arbeiten nicht und spinnen nicht. Doch ich sage euch: Selbst Salomo war in all seiner Pracht nicht gekleidet wie eine von ihnen. Wenn aber Gott schon das Gras so prächtig kleidet, das heute auf dem Feld steht und morgen ins Feuer geworfen wird, wieviel mehr dann euch, ihr Kleingläubigen! Macht euch also keine Sorgen und fragt nicht: Was sollen wir essen? Was sollen wir trinken? Was sollen wir anziehen? Denn um all das geht es den Heiden. Euer himmlischer Vater weiß, daß ihr das alles braucht. Euch aber muß es zuerst um sein Reich und um seine Gerechtigkeit gehen; dann wird euch alles andere dazugegeben (Mt 6,28–33).

Gebet

Herr Jesus Christus,
du hast in deinem Leben gearbeitet.
Aber du hast dich auch
immer wieder zurückgezogen
zum Gebet,
zum Schweigen,
zum Nachdenken
und zum Gespräch mit Gott.

Für uns aber sind wichtig
Arbeit,
Nahrung,
Wohnung,
Kleidung,
Geld.
Das soll für unser irdisches Leben genügen.

Öffne unsere Sinne für Gott,
der den Menschen
für die kalten Tage
Liebe,
für den grauen Alltag
Freude
und für den langen Winter
Leben
schenkt.
Nur mit Gott können wir überleben.

Das Judenkind

Die Beschaffung von Lebensmitteln ist sehr schwierig, für alle Menschen in der Stadt, aber für die Juden am schwierigsten. Die jüdischen Fischläden dürfen keinen Fisch verkaufen, die jüdischen Gemüseläden kein Obst und fast kein Gemüse, sie müssen mit den Resten vorliebnehmen, die bei der allgemeinen Verteilung übrigbleiben. Manche Juden bekommen zuweilen Pakete mit Obst geschickt, aber das ist gefährlich. Wenn die Grünen kommen und Schalen im Abfalleimer finden, dann kann man noch so beteuern, daß man die Äpfel oder Birnen von außerhalb geschenkt bekommen hat, bestraft wird man doch, und alle, die im Haus wohnen, mit. Einmal haben sie von einem Freund des Vaters einen Fisch erhalten. Der Freund ist kein Jude und darf draußen angeln. Nach dem Essen haben sie die Gräten in die Wasserspülung geworfen.
Und dann wurde nach acht Uhr geklingelt! Zum Glück war es nur jemand, der zu einem Nachbarn wollte und aus Versehen die Tür verwechselt hatte. Erschrocken waren sie trotzdem. Aber auch froh, daß sie die Fischgräten so gut weggebracht hatten.
Nun möchte Mutter zu Vaters Geburtstag so gerne Äpfel haben. Es gibt eine Möglichkeit, doch sie ist gefährlich. Er will das Risiko gern auf sich nehmen. Er ist acht Jahre alt, aber so klein, daß er ohne weiteres sagen kann, er sei sechs. Zwischen sechs und fünf ist kein großer Unterschied, und wer erst fünf ist, braucht keinen Stern zu tragen. Sonst trägt er natürlich immer einen, aber er hat noch eine alte Strickjacke ohne Stern ...
Klar? Außerdem ist er blond. Er kann also ohne Schwierigkeiten in einen nichtjüdischen Gemüseladen gehen und zwei Kilo Äpfel kaufen. Ganz einfach.
Mutter hält es nicht für so einfach. Es können ihm Leute begegnen, die wissen, daß er ein jüdischer Junge ist. Er kann nach seinem Familiennamen gefragt werden ...
»Wenn sie wissen wollen, warum du keinen Stern trägst, dann sagst du, daß du erst fünf bist, verstehst du?«
Er nickt verständnisvoll. Bisher fühlte er sich immer bedrückt, weil er so klein war, nun freut er sich darüber.
»Und wenn sie sich erkundigen, wie du heißt, sagst du einfach ... de Jong. So können andere auch heißen.«
»De Jong«, wiederholt er leise. In der Schule gibt es Kinder, die de Jong heißen. Doch wenn Mutter meint, daß andere auch so heißen können, wird es wohl stimmen. De Jong also.

Alles klappt ausgezeichnet. Niemand fragt ihn, warum er keinen Stern trägt. Es ist ganz sonderbar, einmal ohne Stern zu gehen. Als er einen Grünen sieht, denkt er: Der kann mir nichts tun, denn er weiß nicht, daß ich ein Jude bin. Es ist ein richtig angenehmes Gefühl.
Im Laden muß er lange warten. Viele Frauen werden vor ihm bedient. Als er an die Reihe kommt, sagt er schnell:
»Zwei Kilo Äpfel bitte.«
Beim Abwiegen fragt die Frau freundlich, weil er so klein ist:
»Wie heißt du denn, Kerlchen?«
Er muß sich besinnen.
»De Jong«, antwortete er endlich.
»Nein«, lacht die Frau. »Ich meine deinen Vornamen!«
Damit hat er nicht gerechnet. Er weiß nicht, ob Jopie ein jüdischer Vorname ist oder ob auch die anderen so heißen können. Auf jeden Fall scheint es ihm besser, nicht Jopie zu sagen. Aber was sonst?
»Na, verrat es nur!« lächelt die Frau.
»Jesus«, sagt er heiser.

Clara Asscher-Pinkhof

Anregungen für ein Gespräch

• Die Lage der Juden im Dritten Reich ist keineswegs vergleichbar mit den heutigen Randgruppen und sozial benachteiligten Bevölkerungsteilen. Während das Schicksal dieser Gruppen darin besteht, daß die Gesellschaft an ihnen gedankenlos und desinteressiert vorbeilebt, waren die Juden im Dritten Reich rechtlos und der Gehässigkeit und Laune der Bevölkerung ausgeliefert. Wer Juden schlug oder sie anspuckte, wurde nicht bestraft, weil die Juden zu Feinden des Volkes erklärt worden waren.
Auch das ist Wahrheit: Die meisten Deutschen haben die Juden in Ruhe gelassen; aber sie haben sich auch nicht für sie eingesetzt.
• Die Kenntnis dieser Situation ist Voraussetzung für das Verständnis unserer Geschichte. In dieses Bild sind die Polizisten, die Juden, die nichtjüdischen Geschäftsleute, die Frauen in der Schlange einzuordnen.
• Jederzeit mußten die Juden damit rechnen, überrascht und gefaßt zu werden. Sie lebten in einer ständigen Angst. Der Stern, den jeder Jude über fünf Jahre an seiner Kleidung ständig tragen mußte, verriet sie auf der Straße. Keiner konnte sich in der Anonymität verstecken.
Viele Juden trugen ihren Stern mit Stolz.
• Wer es wagte, ohne Stern auf die Straße zu gehen, riskierte sein Leben. Darin lag das Risiko für den jüdischen Jungen.

- Die Liebe zu seinen Eltern, das Verlangen, seinem Vater ein schönes Geburtstagsgeschenk zu machen, war bei dem Jungen genauso ausgeprägt wie bei jedem anderen Kind. Er war zum Risiko bereit, zumal er gar nicht wie ein Jude aussah.
- Aber es wurden von der Mutter noch zusätzliche Sicherungen eingebaut: »Du bist erst fünf Jahre alt und heißt de Jong, falls dich jemand fragen sollte.«
- Die Mutter hält ihren Sohn an, in äußerster Gefahr die Unwahrheit zu sagen. In wieviel Staaten mag das heute noch notwendig sein!
- Der Gang ohne Judenstern gab Sicherheit. Für einen Augenblick war der Junge so frei wie die anderen Kinder.
- Das gefährliche Unternehmen scheint zu gelingen. Er wird freundlich behandelt und bekommt seine zwei Kilo Äpfel. Auch der neue Name erregt kein Aufsehen.
- Aber man kann nicht alle Möglichkeiten vorausahnen und sich darauf einstellen. So wird der Junge von der weiteren Frage nach seinem Vornamen überrascht.
- Jetzt muß er selbst handeln. Welche Gedanken, welche Alternativen mögen in seinem Kopf herumschwirren? Wie sollte er sich herauslügen? Welcher Vorname ist kein jüdischer Name? Das aufgebaute Lügengebäude scheint zusammenzubrechen.
- Seinen eigenen Namen wollte er nicht nennen; der muß ja jüdisch sein. Vielleicht fiel ihm kein anderer so schnell ein, so daß er einen Namen nennt, den er wohl oft gehört hat.
- Er entscheidet sich für »Jesus«. Welch eine Antwort! Sie hat einen ungeheuren Symbolgehalt. Der Name »Jesus« ist ein beliebter jüdischer Name, der aber durch das Erlösungsgeschehen Christi weit über das Judentum hinaus bekannt wurde. Daher ordnet der Hörer ihn nicht sogleich der jüdischen Welt zu.

Da der Junge diesen Namen nennt, wird deutlich, daß Jesus sich mit den Kleinen, Verachteten und Verfolgten identifiziert. »Saulus, Saulus, warum verfolgst du *mich?*« (Apg 9,4).

Jeder, der zu Jesus steht, trägt auch seinen Namen, wie die Bezeichnung »Christ« ausdrückt.

Wer würde bei der Antwort des Jungen nicht an die Weisung des Engels erinnert: »Du sollst ihm den Namen ›Jesus‹ geben« (Lk 1,31).

Der Name »Jesus« heißt »der Herr ist Erlöser«, »er wird sein Volk erlösen« (Mt 1,21).

- Ob Lügen immer kurze Beine haben?

Ob der jüdische Junge nicht doch die Wahrheit gesagt hat?!

Schrifttext

Saulus wütete immer noch mit Drohung und Mord gegen die Jünger des Herrn. Er ging zum Hohenpriester und erbat sich von ihm Briefe an die Synagogen in Damaskus, um die Anhänger des (neuen) Weges, Männer und Frauen, die er dort finde, zu fesseln und nach Jerusalem zu bringen. Unterwegs aber, als er sich bereits Damaskus näherte, geschah es, daß ihn plötzlich ein Licht vom Himmel umstrahlte. Er stürzte zu Boden und hörte, wie eine Stimme zu ihm sagte: Saul, Saul, warum verfolgst du mich? Er antwortete: Wer bist du, Herr? Dieser sagte: Ich bin Jesus, den du verfolgst (Apg 9,1–5).

Gebet

Herr Jesus Christus,
du hast in deinem eigenen Leben
Flucht und Verfolgung erfahren.
Du hast die Ängste erlebt,
daß du entdeckt, erkannt und verhaftet wirst.
Du verstehst auch die Nöte
der Verfolgten heute
und bist bei ihnen.

Wir sind oft auf seiten der Verfolger,
aus Angst,
aus Gleichgültigkeit,
aus Vorurteilen.
Es ist leichter,
auf der Seite der Stärkeren zu stehen
und anderen Schrecken einzujagen.

Weil es auf dieser Erde
immer Geißeln und Opfer gibt,
gib uns die Kraft,
den Schwächeren beizustehen,
ihnen die Ängste zu nehmen,
Haßgefühle zu unterdrücken
und das Unrecht anzuklagen.
In jedem Opfer lebst du – »Jesus«.

Der Panther

Sein Blick ist vom Vorübergehen der Stäbe
so müd geworden, daß er nichts mehr hält.
Ihm ist, als ob es tausend Stäbe gäbe
und hinter tausend Stäben keine Welt.

Der weiche Gang geschmeidig starker Schritte,
der sich im allerkleinsten Kreise dreht,
ist wie ein Tanz von Kraft um eine Mitte
in der betäubt ein großer Wille steht.

Nur manchmal schiebt der Vorhang der Pupille
sich lautlos auf –. Dann geht ein Bild hinein,
geht durch der Glieder angespannte Stille –
und hört im Herzen auf zu sein.

R. M. Rilke

Anregungen für ein Gespräch

• Der Dichter hat den Panther im zoologischen Garten in Paris beobachtet. Mit seinem Gesicht wollte er nicht nur das eingefangene Tier, sondern auch eine Wirklichkeit des Menschen beschreiben.

• Der Panther ist schon lange in dem Käfig eingesperrt. Immer wieder hat er versucht, den ungeheuren Drang nach Freiheit zu befriedigen und die Lücke zu finden, um aus dem Gefängnis auszubrechen. Unzählige Male ist er an den Gitterstäben vorbeigegangen, so daß sie ihm wie tausend Stäbe vorkommen, die den Weg versperren. Sie sind wie eine undurchsichtige Mauer, hinter der es keine Welt mehr gibt.

• So wie der Panther nach der Freiheit verlangt, so trägt der Mensch eine Sehnsucht in sich, die »ihn um ein Unendliches übersteigt« (Pascal). Irgendwohin ist seine Sehnsucht gerichtet, nach Freiheit, Unsterblichkeit, Ewigkeit, Glück, Liebe, Gott. Aber diese tiefe Sehnsucht findet keine letzte Erfüllung. Der Mensch sitzt in einem Käfig, aus dem er durch die Gitterstäbe in die weite Welt schaut; aber er kann sie nicht ergreifen.

• Trotz des engen Käfigs hat der Panther seinen geschmeidigen Schritt nicht verloren. Obwohl er sich ständig im Kreise drehen muß, spürt man in ihm seine Kraft, die aber nicht zur Entfaltung kommt, da der dahinter liegende Wille wie betäubt ist.

• Sind wir Menschen nicht wie dieser Panther, weil wir uns vielfach im Kreise drehen? Sind wir nicht Gefangene unserer selbst, unserer Wünsche und Neigungen? Nicht daß sie auch ihre Berechtigung hätten: Wohlstand und Reichtum, irdisches Glück und weltliche Freuden. Aber wenn sie uns gefangennehmen, dann sehen wir nicht mehr die weite Welt, weil wir Gitterstäbe aufgerichtet haben. Dann wird auch unser Wille betäubt, die Sehnsucht erlischt; wir begeben uns der Möglichkeiten, die Leben gewähren, Entfaltung schenken und glücklich machen können.

• Gitterstäbe können auch dadurch entstanden sein, daß wir irdische Grenzen stark erfahren mußten, daß Ausbruchsversuche in die Freiheit gescheitert sind, daß wir Gott nicht entdeckten und so auf uns selbst zurückgeworfen wurden.

• Manchmal fällt der Blick des Panthers doch durch Gitterstäbe in die weite Welt, in die Freiheit, in der er gelebt hat. Dieses Bild durchzuckt ihn, er möchte ausbrechen; aber resigniert muß er den Plan aufgeben, weil es kein Entrinnen gibt.

• Wir Menschen sitzen in vielen Käfigen: des Alltags, der Sorgen, des eigenen Ichs. Aber manchmal bricht doch ganz plötzlich die Sehnsucht auf; »ein Bild geht hinein«. Unsere momentane Lage kann dadurch völlig verändert werden. Wir erfahren

– daß es nicht genügt, nur für uns selbst zu leben; wir wollen für andere da sein; ein Du muß gefunden werden;

– daß der hohe Lebensstandard unsere tiefen Fragen nicht beantworten kann; ein neuer Sinn muß entdeckt werden;

– daß die irdische Unruhe uns krank macht; wir fragen nach einer inneren Ruhe, nach einer Ausgeglichenheit in der Tiefe;

– die Enge unseres Lebens, das Gefangensein; wir überlegen, ob es in dieser Enge keine Freiheit gibt, die durch Gitterstäbe nicht gehalten wird;

– daß Barrieren zwischen Menschen, sogar zwischen Liebenden bestehen, wie Bergengruen sagte:

»Du bist nicht mein,
ich bin nicht dein,
keiner kann des anderen sein.«

Jetzt kann der Gedanke an Gott als das eigentliche Du des Menschen erwachen, das keine Grenzen kennt, das Antwort gibt, in Ruhe und Freiheit.

• Wir können Gott mit unseren Sinnen oder unserem Verstand nicht fassen, aber die Sehnsucht nach ihm ist unsichtbar lebendig und bricht immer wieder durch. Friedrich Nietzsche ist dafür ein unverdächtiger Zeuge, wenn er in seinem Gedicht »Dem unbekannten Gott« schrieb:

»Sein bin ich – ob ich in der Frevler Rolle
auch bis zur Stunde bin geblieben,
sein bin ich – und ich fühl die Schlingen,
die mich im Kampf darniederziehen
und, mag ich fliehen,
mich doch zu seinem Dienste zwingen.
Ich will dich kennen, Unbekannter,
du tief in meine Seele greifender,
mein Leben wie ein Sturm durchschweifender,
du unfaßbarer, mir Verwandter,
ich will dich kennen, selbst dir dienen.«

Schrifttext

Die ganze Schöpfung wartet sehnsüchtig auf das Offenbarwerden der Söhne Gottes. Die Schöpfung ist der Vergänglichkeit unterworfen, nicht aus eigenem Willen, sondern durch den, der sie unterworfen hat; aber zugleich gab er ihr Hoffnung: Auch die Schöpfung soll von der Sklaverei und Verlorenheit befreit werden zur Freiheit und Herrlichkeit der Kinder Gottes. Denn wir wissen, daß die gesamte Schöpfung bis zum heutigen Tag seufzt und in Geburtswehen liegt (Röm 8,19–22).

Gebet

Herr Jesus Christus,
die Schöpfung seufzt und liegt in Wehen
bis zu deiner Wiederkunft.
Du bist unser Ursprung.
Du bist unser Weg.
Du bist unser Ziel.
Du führst uns in das Land,
wo wir Heimat und Freiheit finden.

Unsere Sehnsucht aber ist auf Irdisches gerichtet,
auf Wohlstand,
auf Besitz,
auf Erfolg,
auf Leistung.
So kann unsere tiefe Sehnsucht
nie erfüllt werden.

Laß uns über uns hinausschauen,
durch die Gitterstäbe
unserer Begrenztheit,
unseres Alltags,
unserer Sorgen,
unseres Ichs.
Zeige uns Gott als das eigentliche Du des Menschen,
das keine Grenzen kennt
und allein menschliche Sehnsucht erfüllt.

Das letzte Kapitel

Am 12. Juli des Jahres 2003
lief folgender Funkspruch rund um die Erde,
daß ein Bombengeschwader der Luftpolizei
die gesamte Menschheit ausrotten werde.

Die Weltregierung, so wurde erklärt, stelle fest,
daß der Plan, endgültig Frieden zu stiften,
sich gar nicht anders verwirklichen läßt,
als alle Beteiligten zu vergiften.

Zu fliehen, wurde erklärt, habe keinen Zweck.
Nicht eine Seele dürfe am Leben bleiben.
Das neue Giftgas krieche in jedes Versteck.
Man habe nicht einmal nötig, sich selbst zu entleiben.

Am 13. Juli flogen von Boston eintausend
mit Gas und Bazillen beladene Flugzeuge fort
und vollbrachten, rund um den Globus sausend,
den von der Weltregierung befohlenen Mord.

Die Menschen krochen winselnd unter die Betten.
Sie stürzten in ihre Keller und in den Wald.
Das Gift hing gelb wie Wolken über den Städten.
Millionen Leichen lagen auf dem Asphalt.

Jeder dachte, er könne dem Tod entgehen.
Keiner entging dem Tod, und die Welt wurde leer.
Das Gift war überall. Es schlich wie auf Zehen.
Es lief die Wüsten entlang. Und es schwamm übers Meer.

Die Menschen lagen gebündelt wie faulende Garben.
Andre hingen wie Puppen zum Fenster heraus.
Die Tiere im Zoo schrien schrecklich, bevor sie starben.
Und langsam löschten die großen Hochöfen aus.

Dampfer schwankten im Meer, beladen mit Toten.
Und weder Weinen noch Lachen war mehr auf der Welt.
Die Flugzeuge irrten, mit tausend toten Piloten,
unter dem Himmel und sanken brennend ins Feld.

Jetzt hat die Menschheit endlich erreicht, was sie wollte.
Zwar war die Methode nicht ausgesprochen human.
Die Erde war aber endlich still und zufrieden und
rollte völlig beruhigt ihre bekannte elliptische Bahn.

Erich Kästner

Anregungen für ein Gespräch

- Erich Kästner hat in seinem Gedicht »Das letzte Kapitel« alle Hoffnung aufgegeben; er ist an der Menschheit verzweifelt. Zu oft hat man in der Geschichte auf Vernunft, Einsicht und Lernfähigkeit der Menschen gehofft, aber immer vergebens. Die größten Tragödien und Katastrophen, die sich in Völkern und Nationen ereignet haben, konnten die Menschen nicht zur Besinnung bringen. Da scheint es nur noch den hier beschriebenen Selbstmord zu geben.
- Ist wirklich kein Friede möglich, außer durch die Vergiftung aller Menschen? Ruhe ist kein Friede; Friedhofsruhe ist Tod.
- Die ständig neu aufflackernden Brände scheinen dieser Weltregierung recht zu geben. Trotz fortschreitender Bildung, trotz des Druckes der öffentlichen Weltmeinung, trotz des Gleichgewichts der Kräfte, trotz nachgewiesener Schuld an den Ursachen der Kriege, trotz einer neuen ethischen Einstellung zum Frieden sind die Gefahren für neue Kriege nicht geringer geworden. Was muß alles noch passieren, um die Menschen zur Besinnung zu bringen?

• Der Dichter verlegt das Geschehen der Weltvergiftung in das neue Jahrtausend. Vielleicht wollte er damit seine Erwartung ausdrücken, daß bis dahin eine mächtige Weltregierung geschaffen würde, die keine nationale Außenpolitik, sondern nur eine Weltinnenpolitik zuläßt. Vielleicht will er aber auch von dem neuen Jahrtausend behaupten, daß es über Leben und Vernichtung der Welt entscheiden wird. Bis dahin werden die Menschen über alle Mittel verfügen, die für eine totale Zerstörung des Lebens auf dieser Erde erforderlich sind.

• Die Weltregierung verspricht sich nur dann einen totalen Erfolg, wenn wirklich kein Mensch und kein Tier bei dieser Vernichtungsaktion verschont wird. »Nicht eine Seele dürfe am Leben bleiben.« Möchten wir nicht mit der Regierung verhandeln, um die Welt wegen der wenigen Guten zu retten, wie Abraham mit Gott gehandelt hat, als die Zerstörung von Sodoma angekündigt wurde? Wenn 50, 45, 40, 30, 20, 10 Gerechte noch in der Stadt wären, sollten auch sie mit umkommen? »Und wirst du diesen Ort nicht schonen, um der Gerechten willen, wenn sie darin sind?« (Gen 18,20–33).

• Die Weltregierung ist unerbittlich. Alles, was den Frieden stört, muß mit Stumpf und Stiel ausgerottet werden. »Weder Weinen noch Lachen war mehr auf der Welt« – Zeichen und Ausdruck des Menschlichen. Wieviel Unschuldige wurden geopfert! Waren sie wirklich alle unschuldig?

• Hätte man nicht das Böse allein ausrotten können? Jesus hat diese Frage im Gleichnis vom Unkraut unter dem Weizen angesprochen. Als die Knechte fragen: »Sollen wir gehen und das Unkraut ausreißen?« hat der Gutsherr geantwortet: »Nein, sonst reißt ihr zusammen mit dem Unkraut auch den Weizen aus« (Mt 13,28f). Stellt sich das Böse im Menschen chemisch rein dar? Ist nicht in jedem Gutes und Böses? Liegt es nicht in ständigem Kampf?

• Warum konnte der Friede nicht gefunden werden? Es gibt wohl nur einen Garanten des Friedens: das umgesetzte Evangelium, ein Leben nach dem Leben Jesu. Die Nachfolge Jesu nämlich greift nach den Wurzeln, dem Herzen, der Gesinnung und verhindert damit das Umsetzen in die schlechte Tat.

• Warum sind so viele Unschuldige schuldig? Weil sie vieles in dieser Welt geschehen lassen! Nicht der Friedfertige ist das Ideal, der den Kopf in den Sand steckt, allen nach dem Munde redet, kritiklos hinter den Führern herläuft, die Welt ihrem Schicksal überläßt, sondern der für Recht und Gerechtigkeit eintritt. Autoritäre Systeme haben immer durch unterwürfige Menschen existiert, die sich ohne eigene Meinung in das System einfügen. Vielleicht sind daher heute Widerstand gegen das Unrecht, Kritik und Ungehorsam, Gewissensbildung und -entscheidung wichtige Aufgaben und Tugenden des Christen.

- Weltvernichtung ist keine Strategie des Friedens.
- Der Krieg ist kein Naturgesetz!
- Frieden hat man nicht, sondern muß ihn wegen der sich ständig ändernden Verhältnisse immer wieder neu schaffen. Frieden ist ein dynamischer Vorgang, eine immerwährende Aufgabe.
- Der im Evangelium angekündigte Untergang der Welt ist viel tröstlicher und hoffnungsvoller als dieses »Letzte Kapitel«.

Schrifttext

In jenen Tagen, nach der großen Not, wird sich die Sonne verfinstern, und der Mond wird nicht mehr scheinen; die Sterne werden vom Himmel fallen, und die Kräfte des Himmels werden erschüttert werden. Dann wird man den Menschensohn mit großer Macht und Herrlichkeit auf den Wolken kommen sehen. Und er wird die Engel aussenden und die von ihm Auserwählten aus allen vier Windrichtungen zusammenführen, vom Ende der Erde bis zum Ende des Himmels (Mk 13,24–27).

Gebet

Herr Jesus Christus,
du hast dein Kommen
in diese Welt
mit großer Macht und Herrlichkeit
angekündigt.
Das ist der Beginn
des neuen Himmels
und der neuen Erde.

Vor diesem Ende fürchten wir uns wenig,
und auch der neue Anfang
gibt uns wenig Hoffnung.

Laß uns dein Kommen im Auge behalten
und darauf zuleben,
damit wir die Welt nicht selbst zerstören,

sondern alles von deinem Kommen
erwarten:
Frieden und Heil und Leben.

Wie die Dinge aus Ton

1
Wir wollten sein wie die dinge aus ton

Dasein für jene,
die morgens um fünf ihren kaffee trinken
in der küche

Zu den einfachen tischen gehören

Wir wollten sein wie die dinge aus ton, gemacht
aus erde vom acker

Auch, daß niemand mit uns töten kann

Wir wollten sein wie die dinge aus ton

Inmitten
soviel
rollenden
stahls

2
Wir werden sein wie die scherben
der dinge aus ton: nie mehr
ein ganzes, vielleicht
ein aufleuchten
im wind

Reiner Kunze

- Man kann diese Verse von Reiner Kunze wohl nur begrenzt der Kategorie »Erzählungen« zuordnen. Aber wer sie aufmerksam liest, hört doch Elemente einer modernen Ballade, in der der Stoff der jüngsten Geschichte dramatisch bearbeitet wird, heraus.
- Am Anfang steht eine Erklärung des guten Willens. »Wir wollten sein wie die Dinge aus Ton.« Fast klingen diese Worte ein wenig wehmütig, weil später alles anders kam. Wir hatten es doch so gut vor. Ein Pädagoge hat einmal gesagt: »Das Gegenteil von gut ist gut gemeint!« Ist unser guter Wille an unserer eigenen Schwäche oder an der Gewalt anderer oder an der Härte von Sachzwängen gescheitert?
- »Wir wollten sein wie die Dinge aus Ton.« Jeder denkt sogleich an die Zerbrechlichkeit eines Tonkruges, der aus dem Lehm des Ackers gemacht ist; aber auch an die Funktion eines Gefäßes ist zu denken: bereit sein, sich offenhalten für das Getränk und somit »Dasein für andere«.
- »Christ ist einer, der für andere da ist«, sagt Dietrich Bonhoeffer. Reiner Kunze faßt hier in das Bild des Gefäßes die Definition eines Christen, der seinen Glauben lebt.
- Er beschreibt das Dasein für andere sogar noch genauer: Wir wollten für die ganz besonders da sein, die morgens sehr früh aufstehen. Das sind die armen Leute, die Frühschicht haben, die Zeitungen herumbringen oder Brötchen backen müssen. Diese einfachen Leute haben keine große Wohnung; sie leben in der Küche. Die Tische biegen sich nicht unter der Last kostbarer Speisen, sondern nur das Notwendigste steht darauf.
Reiche können sich goldene und silberne Schüsseln leisten; der Tonkrug jedoch ist das Gefäß der Armen.
- Die an den »einfachen Tischen« sitzen sind diejenigen, die uns besonders nötig haben, die sich in einer Not befinden. Das muß nicht nur materielle Not sein, auch geistige und seelische ist gemeint.
- Dasein für andere – was kann das alles bedeuten? Zeit haben, zuhören, ein gutes Wort sagen, freundlich sein, helfen, dienen.
- »Gemacht aus Erde vom Acker.« Wer wird nicht erinnert an den biblischen Bericht über die Erschaffung der ersten Menschen. »Gott, der Herr, bildete den Menschen aus dem Lehm der Erde« (Gen 2,7). Und in der Liturgie des Aschermittwoch heißt es: »Staub bist du und zum Staube kehrst du zurück.«
Der Mensch ist zerbrechlich wie »die Dinge aus Ton«.
- »Auch daß niemand mit uns töten kann.« Der Mensch, der zerbrechlich wie ein Tonkrug ist, ist eben ein Gefäß und keine Mordwaffe. Wer

Menschen zum Töten einsetzt oder sich einsetzen läßt, verfehlt Menschsein! Er wird seiner Bestimmung nicht gerecht.

- Man beachte in den folgenden Versen den schreienden Gegensatz zwischen Tonkrug und Panzer. Der rollende Stahl walzt alles nieder. Unter seinen Ketten zerbrechen Menschen, Menschlichkeit und menschliche Bestimmung.
- Rollender Stahl – das sind Panzer, Geschütze, Granaten, Raketen, Bomben; das sind Waffensysteme und Verteidigungsetats. Der größte Posten in den Haushalten aller Länder ist für die Rüstung bestimmt. »Soviel rollenden Stahls« – wenn das nur gut geht!
- Mit »rollendem Stahl« kann auch noch anderes gemeint sein, was Menschen und Menschlichkeit zugrunde richtet: Süchte und Vorurteile, Profitgier und Egoismus.
- Rollender Stahl meint auch Angst. Ein Siebzehnjähriger sagte mir vor kurzem: »Ich habe soviel Angst; was muß ich tun, um diese Angst loszuwerden?« Er muß auf Menschen stoßen, die gut zu ihm sind, die ihn verstehen und bejahen; die wie ein Tonkrug für ihn sind. Er muß auf einen Gott stoßen, der ihm Geborgenheit schenkt.
- Die zweite Strophe ist pessimistisch. Der gute Wille hat sich nicht durchsetzen können; der Stahl war stärker. Was einmal zerstört ist, kann nie wieder ganz werden. Vielleicht kann eine Scherbe noch einen Sonnenstrahl reflektieren, mit dem sie etwas Wärme spendet oder Freude schenkt. Aber was ist das im Vergleich zur großartigen Bestimmung des Tonkruges?
- Ob der Dichter auch an den vor Gott schuldig gewordenen Menschen gedacht hat? Der sich selbst zerstört?

Und ob er an den neuen Menschen gedacht hat, den Jesus Christus durch sein Leben, Sterben und Auferstehen wunderbar erneuert hat? Und daß er somit doch wieder »ein Ganzes« ist?

Schrifttext

Diesen Schatz tragen wir in zerbrechlichen Gefäßen; so wird deutlich, daß das Übermaß der Kraft von Gott und nicht von uns kommt. Von allen Seiten werden wir in die Enge getrieben und finden doch noch Raum; wir wissen weder aus noch ein und verzweifeln dennoch nicht; wir werden gehetzt und sind doch nicht verlassen; wir werden niedergestreckt und doch nicht vernichtet. Wohin wir auch kommen, immer tragen wir das Todesleiden Jesu an unserem Leib, damit auch das Leben Jesu an unserem

Leib sichtbar wird. Denn immer werden wir, obgleich wir leben, um Jesu willen dem Tod ausgeliefert, damit auch das Leben Jesu an unserem sterblichen Fleisch offenbar wird (2 Kor 4,7–11).

Gebet

Herr Jesus Christus,
du bist auf diese Erde gekommen
wie ein Gefäß
– zerbrechlich
– mit einem Herzen voll Liebe und Licht.
Indem man dich zerschlug,
hast du alles geheilt.

Obwohl wir als Christen
deine Bestimmung übernommen haben,
handeln wir anders.
Wir suchen uns selbst,
wir wollen für uns da sein
und mißachten die Menschen.

Gib uns und allen
Einsicht
in die Zerbrechlichkeit des Menschen
und laß uns vor ihr
mehr Angst haben
als vor Panzern und Kanonen.
Nur so können wir wollen,
was wir sein sollen:
ein Licht in der Finsternis.

Der Gott der Sieger und Besiegten

In den Schreckenstagen der Bombenangriffe auf Paderborn flüchteten viele Menschen nach dem benachbarten Elsen. Hier erwarteten sie in den Ostertagen 1945 den Einmarsch der Amerikaner. Im Auftrag meines

Pastors feierte ich das heilige Meßopfer – das Auferstehungsopfer – auf der Tenne im Hofe Güllenstern. Jungen aus Paderborn übernahmen die liturgische Gestaltung des Gottesdienstes als Lektoren. Entschlossen klang es aus jungen Kehlen: »Preiset den Herrn, ruft an seinen Namen; macht kund seine Werke unter den Heiden, alleluja!« Auch die Männer und Frauen wagten es, das Osteralleluja zu singen. Ich dachte indes an das »Nolite expavescere« (»erschrecket nicht!«) des Ostermorgens. Die Tennetüren waren wegen der Kälte geschlossen. Nur die kleine Eingangstür war offen. Da geschah es. In den Kehlen verstummte plötzlich das Opferungslied. Alles drängte instinktiv zum Altar. Von der Straße hörte man das Motorengeräusch vorbeifahrender Panzerspähwagen und ausländische Worte. – »Nolite expavescere!« – Frauen klopften nervös auf den Altar: »Herr Vikar, sie kommen! Sie sind schon da!« Ich wandte mich um und sagte: »Wir machen weiter.« »Sursum corda.« »Habemus ad Dominum«, antworteten die Jungen und die Gemeinde. »Gratias agamus Domino Deo nostro.« Doch in die Präfation hinein drängte sich das überwältigende, erschütternde Geräusch der anrückenden Panzer. Der erste von ihnen drehte sich knirschend und krachend auf der Straße vor dem Hause und lief auf unsere Tenne zu, als wolle er uns alle überrennen. Schon drang das Kanonenrohr durch die Öffnung der Türe herein. Die Ketten des Panzers krachten gegen die Tür. – »Nolite expavescere.« – Das war ein eigenartiges Sanktus. Kommandostimmen wurden hörbar. Der Panzer setzte zurück. Die Tür wurde geöffnet. Zur Wandlung war alles still. Nur vorbeiziehende Panzer kündeten vom Ernst der Lage. Als ich mich zum »Ecce Agnus Dei« umwenden durfte, sah ich folgendes Bild: Der Panzer mächtig im Tenneneingang stehend, das Rohr auf den Altar gerichtet, die kniende Gemeinde und unter ihr mit entblößtem Haupt die Besatzung des amerikanischen Panzers, kniend vor dem Gott der Sieger und Besiegten.

Hermann Bieker

Anregungen für ein Gespräch

• Der vorliegende Tatsachenbericht aus den letzten Kriegstagen darf den Leser nicht auf die falsche Spur eines humanisierten Krieges bringen. Es gibt keinen humanen Krieg! Diesem Erlebnis gingen in den Monaten Januar bis März 1945 schreckliche Bombenangriffe auf Paderborn voraus, durch die die westfälische Bischofsstadt zu 95% zerstört wurde und viele Menschen zu Tode kamen. Die überlebenden Einwohner waren in die umliegenden Dörfer geflohen und hatten bei den Bauern notdürftig Unterkunft gefunden.

- Nur wer einen schweren Bombenangriff mitgemacht, wer das Schreien der Menschen beim Donnern der herunterbrausenden Bomben gehört hat, wer dabei war, wie die Schutzsuchenden in den nicht bombensicheren Kellern sich auf die Erde warfen, um so dem Tode zu entgehen, weiß, was Krieg ist. Es gab Soldaten, die von der Front gekommen waren, um in ihrer Heimat den verdienten Urlaub zu verbringen, aber nach einem solchen Bombardement vorzeitig zur Front zurückkehrten. Das ist totaler Krieg! Niemand wird geschont!
- Nur wer den Krieg nicht kennt, kann am Krieg Interesse haben!
- Die Gottesdienstbesucher in Elsen feiern unter primitiven Voraussetzungen – das war Katakombensituation – das Osterfest, das Fest vom Leben mitten im Tod. Dem Tod durch Bomben soeben entgangen, waren sie jetzt dem Tod durch Panzer ausgeliefert. Wer sollte da ohne Angst sein? »Erschrecket nicht!« sagt die Osterliturgie. Vom Papst Johannes XXIII. stammt das Wort: »Wer glaubt, zittert nicht«. Der Glaube an den Auferstandenen und damit an das Leben gibt Sicherheit. Schon im Alten Testament stehen die Worte: »Glaubt ihr nicht, so bleibt ihr nicht« (Is 7,9).
- Die Gottesdienstbesucher hätten auch anders handeln können: Sie konnten Panzerfäuste ergreifen, um die anrückenden Panzer abzuschießen. Die Gläubigen entschieden sich für einen anderen Weg: für einen Weg ohne Gewalt, für die Ergebenheit in Gottes Willen. Das war ihre Rettung!
- Der Krieg ist in jeder Hinsicht ein unlösbares Problem! Gilt das Gesetz des Widerstands mit Gewalt oder des Verzichts auf Gewalt?
- Wenn die Menschen Gemeinsamkeiten finden, wird das Miteinander leichter. Das gilt auch für verfeindete Menschen. Die Amerikaner entdeckten, daß auch unter den Deutschen Gläubige waren – und umgekehrt. Durch diese Entdeckung wurden Waffen aus der Hand geschlagen.
- Wer in Gott seinen Vater sieht, muß in allen Glaubenden seine Brüder sehen!
- Muß der Glaubende nicht in *jedem* Menschen seinen Bruder und seine Schwester erkennen, weil Gott der Vater *aller* Menschen ist?! Könnten nicht durch eine solche Bruderliebe Kriege verhindert werden?
- Keiner kann im Leben Gott für sich allein in Anspruch nehmen. Gott ist ein Gott der Sieger und Besiegten!

Schrifttext

Nach dem Sabbat kamen in der Morgendämmerung des ersten Tages der Woche Maria aus Magdala und die andere Maria, um nach dem Grab zu sehen. Plötzlich entstand ein gewaltiges Erdbeben; denn ein Engel des Herrn kam vom Himmel herab, trat an das Grab, wälzte den Stein weg und setzte sich darauf. Seine Gestalt leuchtete wie ein Blitz, und sein Gewand war weiß wie Schnee. Die Wächter begannen vor Angst zu zittern und fielen wie tot zu Boden. Der Engel aber sagte zu den Frauen: Fürchtet euch nicht! Ich weiß, ihr sucht Jesus, den Gekreuzigten. Er ist nicht hier; denn er ist auferstanden, wie er gesagt hat. Kommt her und seht euch die Stelle an, wo er lag (Mt 28,1–6).

Gebet

Herr Jesus Christus,
du bist der Sohn des Vaters im Himmel.
Du bist der Bruder aller Menschen.
Du lädst alle ein,
Söhne und Töchter Gottes
und deine Brüder und Schwestern zu sein.

Wir aber folgen dieser Einladung nicht.
Wir sehen im anderen
unsere Feinde
unsere Gegner
unsere Konkurrenten.
Wir möchten,
daß du einer von uns
und nicht einer von den anderen bist.
Damit wird der Keim zum Krieg gelegt.

Gib,
daß alle Menschen
sich mit dir verbinden,
damit sie Kinder Gottes sind
und so Frieden ermöglichen.

Warum es keinen Krieg geben kann

Als der Krieg zwischen den beiden benachbarten Völkern unvermeidlich war, schickten die feindlichen Feldherrn Späher aus, um zu erkunden, wo man am leichtesten in das Nachbarland einfallen könnte. Und die Kundschafter kehrten zurück und berichteten ungefähr mit den gleichen Worten ihren Vorgesetzten, es gäbe nur eine Stelle an der Grenze, um in das andere Land einzubrechen. »Dort aber«, sagten sie, »wohnt ein braver, kleiner Bauer in einem kleinen Haus mit seiner anmutigen Frau. Sie haben einander lieb, und es heißt, sie seien die glücklichsten Menschen auf der Welt. Sie haben ein Kind. Wenn wir nun über das kleine Grundstück in Feindesland einmarschieren, dann würden wir das Glück zerstören. Also kann es keinen Krieg geben.« Das sahen die Feldherrn denn auch wohl oder übel ein, und der Krieg unterblieb, wie jeder Mensch begreifen wird.

Aus China

Anregungen für ein Gespräch

- Märchen sind oft sehr unrealistisch. Könnte man sich denken, daß die Führer der Völker, die Generäle, die Wirtschaftsbosse, das fanatisierte Volk bereit wären, wegen einer solchen »Idylle«, die sie für eine Lapalie halten, auf den Krieg zu verzichten?
- Dem Verlangen nach Kriegsausbruch kann vieles vorangegangen sein: Provokation, Ungerechtigkeit, Mißhandlung, Haß, Verfolgung, Grenzverletzung, Geiselnahme, Mord. Alles das würde den Einmarsch der Truppen in das feindliche Land rechtfertigen.

»Der Krieg war unvermeidlich«, heißt es in dem Text.

- Das chinesische Märchen aber stellt dieser Auffassung eine andere Erkenntnis entgegen: Wo der Krieg das kleinste menschliche Glück zerstört, da hat er seine Berechtigung verloren!
- Das Märchen will dazu auffordern, den Anfängen zu wehren. Jeder Krieg in der Geschichte der Menschheit hat gezeigt, daß es nicht bei der Zerstörung eines einzelnen Familienglücks geblieben ist, sondern daß das Glück vieler Menschen unter den Stiefeln der Soldaten zertreten wurde und Zerstörung sich wie ein Flächenbrand ausgebreitet hat.
- Was hat der Bauer für ein Interesse am Krieg? Die »Feldherrn« mögen sich streiten, aber das Volk sollten sie in Ruhe lassen. In den meisten Fällen mußten die einfachen Leute die Suppe auslöffeln, die die Großen eingebrockt hatten.

- Zwar kann »der Frömmste nicht in Frieden leben, wenn es dem bösen Nachbarn nicht gefällt«, aber dennoch ist dabei zu bedenken, daß immer Außenstehende, Unschuldige, Nichtbetroffene in die Auseinandersetzung hineingezogen und dadurch unglücklich gemacht werden.
- Wenn vor jedem Krieg bedacht würde, wieviel Glück zerstört wird, könnte kein Krieg mehr ausbrechen. Immer ist das durch den Krieg Zerstörte unbeschreiblich viel größer als das Gewonnene.
- »Zwei Gefahren bedrohen die Welt: die Ordnung und die Unordnung« (Paul Valéry).
- Das Märchen möchte den Krieg durch den Hinweis auf menschliches Glück verhindern; die Politiker heute versuchen es durch das Gleichgewicht des Schreckens.
- »Warum es keinen Krieg geben kann« – das bezieht sich nicht nur auf die Auseinandersetzung zwischen den Völkern, sondern auch auf die »Kriege« zwischen Familien, Vätern und Müttern, zwischen einzelnen Menschen und Gemeinschaften. Immer werden diese »Kriege« auf dem Rücken von Unschuldigen und Glücklichen ausgetragen.

Schrifttext

Selig, die arm sind vor Gott; denn ihnen gehört das Himmelreich.
Selig die Trauernden; denn sie werden getröstet werden.
Selig, die keine Gewalt anwenden; denn sie werden das Land erben.
Selig, die hungern und dürsten nach der Gerechtigkeit; denn sie werden satt werden.
Selig die Barmherzigen; denn sie werden Erbarmen finden.
Selig, die ein reines Herz haben; denn sie werden Gott schauen.
Selig, die Frieden stiften; denn sie werden Söhne Gottes genannt werden.
Selig, die um der Gerechtigkeit willen verfolgt werden; denn ihnen gehört das Himmelreich (Mt 5,3–10).

Gebet

Herr Jesus Christus,
du bist in die Welt gekommen,
um alle Menschen glücklich zu machen.
Du hast alles getan,
um ihr gefundenes Glück noch zu vertiefen.

Wir aber suchen das eigene Glück
oft auf Kosten der anderen.
Wir ziehen Glückliche und Unschuldige
in unsere Streitigkeiten hinein
und bürden ihnen dadurch
neue Lasten auf.

Mach uns sensibel
für das Glück der Menschen;
laß uns
bei all unserem Tun
auch die Konsequenzen bedenken,
damit wir niemals
das Glück anderer zerstören,
sondern es weiterhin festigen.

Die Kindtaufe

Die Eltern waren glücklich. Endlich war das langersehnte Kind gesund geboren. Nun sollte es an einem Sonntagnachmittag im Dezember getauft werden. Viele Freunde, die die Tage der Schwangerschaft mit Anteilnahme verfolgt hatten, wurden zur Taufe und zur anschließenden häuslichen Feier eingeladen.
Alle kamen; es war eine stattliche Zahl. Kurz nacheinander trafen die Freunde ein. Die Eltern empfingen die Gäste an der Wohnungstür, die Garderobe war bald mit Mänteln zugehängt. Die nächsten Gäste legten ihre Mäntel achtlos auf einen Korb, der auf dem Flur in einer Ecke stand. Viele Mäntel wurden dort abgelegt. Man setzte sich an die große, festlich gedeckte Tafel. Es gab Kaffee und Kuchen, anschließend Bier, Wein, Likör ... Alle waren in bester Stimmung; man freute sich, sang und war fröhlich.
Schließlich erinnerte man sich, weshalb man so nett beisammen saß, und die Gäste wünschten das Kind, das der Anlaß der Feier war, zu sehen. Die Eltern wollten ihr Kind holen – aber das Babykörbchen stand nicht im Kinderzimmer. Sie schauten ins Schlafzimmer – da war es auch nicht. Endlich fanden sie es in der Flurecke, wo sie es im Durcheinander der ankommenden Gäste vergessen hatten. Sie hoben die Mäntel vom Körbchen, Mantel für Mantel, und fanden das Kind – tot.

Frei nacherzählt

Anregungen für ein Gespräch

- Der Leser wird diese Geschichte für unrealistisch halten. Kann man sich vorstellen, daß Eltern, die sich so über die Geburt ihres Kindes gefreut haben, es an seinem Tauftag vergessen? Darauf ist zu antworten:

– Dem Verfasser dieses Buches ist ein ähnlicher Fall bekannt.
– Die Geschichte hat einen auf andere Situationen übertragbaren Aussagekern; diesen gilt es herauszufinden.

- In der vorliegenden Geschichte gibt es eine Fülle von Gründen, die das tragische Schicksal des Kindes begünstigt haben: die Aufregung über die Tauffeier; das unterschiedliche Eintreffen der geladenen oder vielleicht auch ungeladenen Gäste; die Unterbringung der Mäntel, weil die Garderobe auf einen solchen Ansturm nicht vorbereitet war; die Gratulationen; das sofort beginnende Gespräch der Eltern mit den Gratulanten; das Überreichen der Geschenke; die Begleitung der Gäste zu ihren Plätzen; die Befragung der Gäste nach ihrem Wohlbefinden; die Sorge um den warmen Kaffee.

Wer ein guter Gastgeber sein will, muß viele Dinge bedenken.

- Das Kind, das sich still verhielt, trat ganz in den Hintergrund. Weil es zu schlafen schien, erwarteten die Eltern und Festgäste nicht, daß es durch Schreien auf sich aufmerksam machen würde.
- Worauf kommt es in dieser Geschichte an?

Insgeheim wird bei dieser Begebenheit die Mitte ausgetauscht: An die Stelle des Kindes tritt die Begegnung der Gäste.

Der eigentliche Anlaß der Begegnung wird vergessen und nicht mehr bedacht.

Die spätere Besinnung auf den Anlaß dieses fröhlichen Zusammenseins kam zu spät.

- Wie oft kommt es im Leben vor, daß Feste und Feiern den Kontakt zu ihrem Ursprung und damit auch ihre Mitte verlieren!
- Warum feiern die Menschen Weihnachten? Sie kommen zusammen, wünschen sich ein schönes Fest, beschenken einander. Ist die Krippe nicht auch zugedeckt mit vielerlei Äußerlichkeiten und festesfremden Überlagerungen, so daß das Kind darunter ersticken muß?

Sind nicht auch andere Feste wie Ostern, Christi Himmelfahrt, Pfingsten ihres eigentlichen Kerns und damit ihrer Mitte beraubt?

- Wie oft werden Kinderfeste in Erwachsenenfeste, kirchliche in weltliche, staatliche in gesellige Feiern umfunktioniert. Die Ursache liegt darin, daß der Kontakt zum Ursprung des Festes verloren ging.
- Immer sind wir im Leben in der Gefahr, uns vom Kern an die Peripherie

zu bewegen und dadurch die Begründung für unser Handeln zu verlieren. Die ständige Rückfrage nach dem Kern und Ausgangspunkt ist eine notwendige Korrektur für unser Leben, weil es sonst leer werden kann.

- Auch Entwicklungen können sich verselbständigen, eine eigene Dynamik hervorbringen und so einen Lebensvorgang total verfälschen.
- Wieviele Revolutionen in der Welt sind deshalb gescheitert, weil der eigentliche Anlaß, nämlich die Befreiung eines Volkes, in Rache umgeschlagen ist! Wieviele »Kinder« einer Revolution haben sich verselbständigt und ihren eigentlichen Ursprung aufgegeben!
- Trägt nicht jeder Mensch und sogar die ganze Schöpfung das göttliche Ursprungszeichen? Wie tödlich kann der Prozeß der Überlagerung und Verselbständigung des Menschen sein, seine Loslösung von Gott und das Auswechseln der Mitte!
- Die Christen müssen zu ihren Quellen zurückkehren, zur Gestalt und Botschaft Jesu. Von hierher bekommt alles den richtigen Stellenwert; vieles bekommt einen hohen Rang, anderes wird relativiert.

Schrifttext

Sechs Tage danach nahm Jesus Petrus, Jakobus und dessen Bruder Johannes beiseite und führte sie auf einen hohen Berg. Und er wurde vor ihren Augen verwandelt; sein Gesicht leuchtete wie die Sonne, und seine Kleider wurden blendend weiß wie das Licht. Da erschienen plötzlich vor ihren Augen Mose und Elija und redeten mit Jesus. Und Petrus sagte zu ihm: Herr, es ist gut, daß wir hier sind. Wenn du willst, werde ich hier drei Hütten bauen, eine für dich, eine für Mose und eine für Elija. Noch während er redete, warf eine leuchtende Wolke ihren Schatten auf sie, und aus der Wolke rief eine Stimme: Das ist mein geliebter Sohn, an dem ich Gefallen gefunden habe; auf ihn sollt ihr hören (Mt 17,1–5).

Gebet

Herr Jesus Christus,
du bist
Anfang und Ziel,
Quelle und Mündung,
Alpha und Omega
für die Menschen und für die Welt.

Du bist die Mitte unseres Lebens.
Du bist der tragende Grund.

Wir aber ersetzen diese Mitte
durch andere Dinge,
die uns plötzlich in den Sinn kommen,
die uns wichtiger erscheinen und
uns ganz gefangen nehmen.

Laß uns mit dir in Verbindung bleiben.
Laß uns jederzeit nach unserem Ursprung
zurückfragen.
Laß uns an der Mitte festhalten,
aus der wir kommen,
zu der wir gehen
und die uns trägt.

Der Traum vom Samen

Ein junger Mann hatte einen Traum. Er betrat einen Laden. Hinter der Ladentheke sah er einen Engel stehen. Hastig fragte er den Engel: »Was verkaufen Sie, mein Herr?« Der Engel gab freundlich zur Antwort: »Alles, was Sie wollen.« Da fing der junge Mann sofort an zu bestellen. »Dann hätte ich gern: eine demokratische Regierung in Chile, das Ende der Kriege in der Welt, bessere Bedingungen für die Randgruppen der Gesellschaft, Beseitigung der Elendsviertel in Lateinamerika, und ...« Da fiel ihm der Engel ins Wort und sagte: »Entschuldigen Sie, junger Mann, Sie haben mich verkehrt verstanden. Wir verkaufen hier keine Früchte, wir verkaufen nur den Samen.«

Anregungen für ein Gespräch

- Der Engel steht für Gott. Weil Gott allmächtig ist, weil er also alles kann, darum meint der »Herr«, er könnte auch alles von ihm erbitten. Gott aber ist nicht bereit, dem Menschen alle Wünsche zu erfüllen und alles fertig in seine Hand zu geben.

- Früher haben die Menschen in ihren Nöten von Gott Hilfe erbeten; er sollte »die Früchte verkaufen« und somit die Not beseitigen.
- Die säkularisierte Welt vertraut mehr auf sich selbst. Mit einem gesunden Selbstbewußtsein versucht sie, zunächst einmal selbst mit dem Problem fertig zu werden: mit Krankheit, Hunger, Not, Unfrieden, Erziehungsschwierigkeiten. Sie möchte nicht sogleich Gott vor ihren Karren spannen und ihm die Schuld zuschieben, wenn der »Retter« versagt.
- Die säkularisierte Welt will weder sagen, es gibt keinen Gott, noch, wir brauchen keinen Gott. Sie versucht, mit dem Samen Gottes zurecht zu kommen und damit die Welt zu gestalten. »Ihr sollt hingehen und Frucht bringen« (Joh 15,16), sagt das Evangelium.
- Viele Menschen sind fest davon überzeugt, daß Gott in diese Welt eingreift.

– Werner von Braun bekennt: »Ich kann mir die Schöpfung nicht ohne den Plan eines Schöpfers vorstellen«;
– der Astronaut Frank Bormann stellt bei der Mondumkreisung Weihnachten 1968 fest: »Ich habe den Beweis erblickt, daß Gott lebt«;
– die von Krankheit gezeichnete Schauspielerin Hildegard Knef sagt: »Ohne Glauben könnte ich nicht leben«.
Keines dieser Worte ist Frucht; jedes ist nur Same.

- Diese Geschichte will uns lehren, daß Gott durchaus in die Welt hineinwirkt; aber er wollte nicht alle Probleme lösen. Trotz der Menschwerdung Gottes sind Not, Kriege, Haß, Terror, Hunger und Angst geblieben.

Mit Jesus ist der Same in die Welt gekommen, nicht die Frucht.

- Der göttliche Same wächst aus innerer Lebenskraft und unaufhaltsam! Er braucht aber auch Pflege und Schutz durch den Menschen.
- Im Samen ist alles enthalten, was wir brauchen. Wir müssen ihn nicht einmal kaufen; er wird uns geschenkt. Unser Auftrag besteht darin, die guten Bedingungen für das Wachstum zu schaffen.
- Glauben, Hoffen, Lieben, Verehrung Gottes, Sorge um die Menschen, vor allem um die Armen – das sind unsere Möglichkeiten. So kann der Same zur Frucht werden.
- Der Same kann sich auswirken für eine neue Gesellschaft, für eine menschlichere Welt und für ein christlicheres Volk. Der Engel hat gesagt: »Ich verkaufe alles, was Sie wollen.«
- Obwohl der Engel für alles in der Welt den Samen anbieten konnte, gibt es doch viele dunkle Stellen, an denen er sich nicht zur Frucht entwickeln konnte: die Armen, Kranken, Leidenden, Verachteten. Von ihnen sagt eine Dichterin:

»Einzelne Engel, heißt es, seien
nach ihrem Botengang
nicht mehr zurückgekehrt.
Sie seien unter den Menschen geblieben,
wo es am dunkelsten ist.
Sie sind nur schwierig zu erkennen« (Vera Ochel).
Ob nicht gerade hier der Same Gottes besonders reiche Frucht trägt?

Schrifttext

In jener Gegend lagerten Hirten auf freiem Feld und hielten Nachtwache bei ihrer Herde. Da trat der Engel des Herrn zu ihnen, und der Glanz des Herrn umstrahlte sie. Sie fürchteten sich sehr, der Engel aber sagte zu ihnen: Fürchtet euch nicht, denn ich verkünde euch eine große Freude, die dem ganzen Volk zuteil werden soll: Heute ist euch in der Stadt Davids der Retter geboren; er ist der Messias, der Herr. Und das soll euch als Zeichen dienen: Ihr werdet ein Kind finden, das, in Windeln gewickelt, in einer Krippe liegt (Lk 2,8–12).

Gebet

Herr Jesus Christus,
du bist
Gottes Same in dieser Welt,
Geschenk des Himmels
für diese Erde.
Alles Leben kann daraus erwachsen.

Wir aber leben entweder so,
als ob wir auf uns selbst gestellt wären
oder
wir erwarten von dir
die Lösung aller Probleme.

Laß du das Zusammenspiel zwischen
deiner Gnade
und unserm Tun
gelingen.

Laß uns auf die Kraft des Samens
vertrauen
und alles in unseren Möglichkeiten liegende
tun,
um dadurch Frucht zu bringen –
dreißigfältig
sechzigfältig
hundertfältig.

Alte Boote

Als ich die alten Boote sah,
verlassen,
verteert
und unsagbar einsam,
dachte ich:
So sind auch unsere Worte,
jedes ein Boot,
einmal geboren, Fracht zu tragen,
wichtige, entscheidende Fracht.
Jetzt liegen am Strand der neuen Zeit
alte Worte,
Touristen halten vielleicht nach ihnen Ausschau,
Objekte der Kamera,
nicht mehr.
Soll ich sie dir zeigen,
die alten Boote:
Freiheit!
Es sollte die Fracht des Lebens tragen.
Aber die Ruderer wurden müde.
Hoffnung!
Es sollte die Fracht des Lebens tragen.
Aber die Mannschaft verlor das Steuer.
Liebe!
Es sollte die Fracht der Erfüllung tragen.
Aber der Mensch verlor die Geduld.
Jetzt liegen die alten Boote am Strand der neuen Jahre.

Und auf dem Wasser der Gegenwart
heulen die Motore
der künstlichen Renner,
und sie tragen die Namen
Zwang statt Freiheit,
Verzweiflung statt Hoffnung,
Gier statt Liebe.
Nur eines können sie:
sie fahren schneller,
schneller in die Vernichtung.
Ich will die alten Boote besteigen.
Kommst du mit?
Wir werden rudern müssen,
rudern um Freiheit, Hoffnung und Liebe.
Ich rudere gern.

Peter Spangenberg

Anregungen für ein Gespräch

- Der Dichter vergleicht unsere Worte mit Booten auf dem Wasser. In den Zeiten, als das Straßennetz noch nicht so ausgebaut war und nur wenige Brücken die Flüsse überquerten, hatten sie eine große Bedeutung. Sie sollten die wertvolle Fracht von einem Ort zum anderen bringen.
- Vielleicht hatten diese Boote einen Nachteil: Sie waren langsam, weil sie sich stromabwärts nur der Geschwindigkeit des Wassers anpassen konnten. Noch langsamer aber fuhren sie stromaufwärts; mit der Kraft ihrer Arme mußten die Bootsfahrer gegen den Strom rudern. Zu diesem Kräfteaufwand waren sie bereit, weil sie um den Wert ihrer Fracht wußten.
- Die Zeit ging über die Boote hinweg. Man hat sie an Land gezogen, so daß sie von Touristen bewundert werden können. Die Urlauber können sie in den Ferien photographieren und hinterher Photos aus der schönen guten alten Zeit zeigen.
- Die langsamen Ruderboote sind inzwischen durch schnelle Motorboote ersetzt. Mit heulenden Motoren jagen sie über Flüsse und Seen. Sie machen viel Lärm und sind unheimlich schnell.
- Boote sind wie Worte. Die neue Zeit hat nicht nur das äußere Gesicht der Boote – Form, Technik, Geschwindigkeit, Lärm –, sondern auch die Fracht verändert.
- Eine wertvolle Fracht der alten Boote war die Freiheit. Freiheit kommt

nicht von selbst; um Freiheit muß man kämpfen, für die Freiheit muß man sich einsetzen. Wer einfach alles laufen läßt, wird bald erfahren, daß er die Freiheit verloren hat und Chaos und Durcheinander an ihre Stelle treten. Wo früher Freiheit in einer Ordnung war, da ist jetzt Verwirrung und Zwang.

»Die Freiheit und das Himmelreich gewinnen keine Halben.«

Weil die Ruderer müde geworden waren, ging diese Fracht des Lebens verloren.

- Eine andere Fracht der alten Boote war die Hoffnung. Auch sie ist für das Leben wichtig. Ohne Hoffnung kann der Mensch nicht leben; sie ist Antrieb für die Lebensbewältigung, Impuls für ständigen Neubeginn, Brücke zum Ziel.

»Der Glaube, den ich am meisten liebe, ist die Hoffnung«, sagt Péguy. Wer die Hoffnung aufgibt, hat verloren; für ihn bleibt nur die Verzweiflung.

Weil die Mannschaft das Steuer verlor und nicht mehr auf das Ziel zusteuern konnte, ging diese Fracht des Lebens verloren.

- Eine weitere wichtige Fracht der alten Boote war die Liebe. Jeder Mensch sehnt sich nach Vollendung. Erfüllung aber ist nur in der Liebe möglich. Wer von Gott und den Menschen keine Liebe erfährt, kann nicht zur Vollendung kommen. Die Liebe ist die Gestalt, die alles überdauert und in Ewigkeit bleibt.

»Für jetzt bleiben Glaube, Hoffnung und Liebe, diese drei; doch am größten unter ihnen ist die Liebe« (1 Kor 13,13).

Ohne Ertragen des anderen, ohne unermeßliche Geduld ist Liebe nicht möglich. Weil die Menschen diese Geduld nicht hatten, ging auch die Fracht der Erfüllung verloren.

An ihre Stelle trat die Gier, das Haben-wollen, das Den-anderen-Besitzen. An die Stelle des Du ist das Ich, an die Stelle des Sein ist das Haben getreten.

- Die neuen Boote haben einen Vorteil: Sie sind schneller. Aber ihr Vorteil ist gleichzeitig Nachteil, weil sie mit ihrer verderbenbringenden Fracht schneller in die Vernichtung rasen. Zwang, Verzweiflung und Gier sind tödlich für den Menschen.
- Der Dichter fordert uns auf, uns zu besinnen und wieder die alten Boote zu besteigen. Dabei sollte uns klar sein, daß wir uns einsetzen und plagen müssen. Freiheit, Hoffnung und Liebe verlangen opfervolle Investitionen; aber sie werden sich lohnen.
- Der Dichter sagt: »Ich rudere gern.« Der erste der Bootsbesatzung ist schon da. Viele sollten einsteigen, damit die Mannschaft bald vollzählig ist, und die »Frachten des Lebens« wieder befördert werden können.

Schrifttext

Was nützt es einem Menschen, wenn er die ganze Welt gewinnt, dabei aber sein Leben einbüßt? Um welchen Preis kann ein Mensch sein Leben zurückkaufen? Der Menschensohn wird mit seinen Engeln in der Hoheit seines Vaters kommen und jedem Menschen vergelten, wie es seine Taten verdienen (Mt 16,26–27).

Gebet

Herr Jesus Christus,
du lebtest in der Vergangenheit
und bist doch immer gegenwärtig;
du bist veraltet,
und doch immer modern.
Du hast uns
Freiheit,
Hoffnung
und Liebe
gebracht.

Wir aber haben geglaubt,
alles würde so bleiben,
auch wenn wir selbst uns nicht rühren
und uns für diese Werte einsetzen.
Wir haben nicht bedacht,
daß Freiheit in Zwang,
Hoffnung in Verzweiflung,
Liebe in Gier
umschlagen können.

Öffne unsere Augen für das,
was den Menschen wirklich glücklich macht,
und gib uns Kraft,
für diese Werte zu kämpfen,
damit die Menschen auch weiterhin
in Freiheit,
Hoffnung
und Liebe
leben können.

Kinderfrage

Es war an einem wunderschönen Tag, als die Enten spazierengingen. Die Sonne leuchtete hell und schien so richtig warm durch das Federkleid. Vor dem Spaziergang hatten alle ein erfrischendes Bad genommen, anschließend hieß es: Gut einfetten, und dann ging der Marsch los.
Eine der kleinen, die Kiki hieß, blieb immer irgendwo stehen, mußte dort schnattern, hier blubbern, ab und zu einmal klecksen und war auf diese Weise immerzu am Ende der Familie. Das Seltsamste aber war: Kiki blinzelte! Ständig blinzelte sie, legte den Kopf etwas schief, kniff die Augen leicht zu und blinzelte.
Alles Fragen half nichts: Warum bleibst du stehen? Warum blinzelst du? Kiki gab sich dann zwar stets einen Ruck, aber bald darauf war es genau dasselbe. Der Spaziergang wurde sehr anstrengend.
Am andern Morgen beim Frühstück fragte die kleine Ente: Sag mal, Ducky, so nannte sie die Mutter, sag mal: Warum leuchtet die Sonne?
Ja, sagte die Mutter, das ist schwer zu erklären. Da oben ist es sehr, sehr heiß, es glüht alles richtig, und dann ist es eben hell.
Mittags war der Vater dran. Warum leuchtet die Sonne? Sieh mal, meine Kleine, die Sonne ist ein riesiger Gasball und besteht zu 70% aus Wasserstoff, zu 23% aus Helium, und die restlichen 7% bilden feste Stoffe. Durch Umwandlung kommt es zu Energie, zu Explosionen, dann ist es sehr heiß, es glüht alles richtig, und dann ist es eben hell. Klar?
Am andern Tag fragte Kiki den Lehrer: Warum leuchtet die Sonne? Der Lehrer war ein belesener und besonnener, von der ganzen Wissenschaft begossener Pudel. Er nahm ein Buch und las daraus vor. – Die kleine Ente hörte gar nicht zu. Warum konnte ihr nur niemand sagen, warum die Sonne leuchtet? War das denn so ein Geheimnis?
Tage darauf traf Kiki per Zufall die alte Igelfrau, von der die anderen Tiere immer sagten, sie lebe so zurückgezogen, sei aber wohl ein ganz kluges Tier.
Warum leuchtet die Sonne? fragte Kiki mutig.
Ja, mein Kleines, das ist ganz einfach: Weil sie lächelt!
Was war das für eine wunderbare Antwort: Weil sie lächelt! Ganz einfach. Natürlich, ganz einfach. Nichts von Gas und von Prozenten. Einfach: Weil sie lächelt.
Am Abend legte Kiki sich glücklich zu Bett.
Du meine kleine Sonne, sagte die Mutter.
Denn Kiki hatte gelächelt.

Peter Spangenberg

Anregungen für ein Gespräch

- Die Kinder sind alle gleich. Wo wir sie auch beobachten, ob auf deutschen Straßen oder in der Altstadt von Jerusalem, überall entdecken wir in ihrem Verhalten Parallelen. Sie sind wie der kleine Kiki.
- Das Kind hat seine eigenen Interessen, Fragen und Probleme. Es wird von dieser oder jener Sache fasziniert. Darum bleibt es stehen, um hinter das Geheimnis zu kommen. Manche Geheimnisse werden lange Zeit heimlich mitgetragen, bis plötzlich die Frage auftaucht.
- Die Kinder leiten ihre entscheidenden Fragen mit »warum« ein. Sie wollen Begründungen bekommen und Hintergründe erfahren. In jedem Kind steckt die Ursprünglichkeit des Philosophen, das zähe Bohren und ständige Nachfragen, bis eine zufriedenstellende Antwort gegeben wird.
- »Warum leuchtet die Sonne?« ist so eine für das Kind wichtige Frage. Aber das Kind erwartet keine naturwissenschaftliche, physikalische oder chemische Antwort. Es erwartet eine menschliche Antwort.
- Die kleine Ente ist ganz enttäuscht, weil ihr die intelligentesten Tiere und die für sie größten Autoritäten dieses Geheimnis nicht erklären können.
- Der Igel ist ein Beweis dafür, daß nicht die in der Öffentlichkeit, im Vordergrund und im Brennpunkt stehenden Geschöpfe die weisesten sind, sondern daß Zurückgezogenheit, Nachdenken und Stille geistige und menschliche Tiefen erschließen, die zufriedenstellende Antworten möglich machen.
- Eine solche »menschliche« Antwort ist die des Igels: »Weil sie lächelt!« Mit dieser Antwort können Kiki und jedes Kind etwas anfangen. Sie können sich richtig vorstellen, wie die Sonne leuchtet, wenn sie lächelt.
- Jetzt wird ihnen auch bewußt, wie oft sie das selbst schon erprobt hatten! An der Reaktion der anderen auf ihr Lächeln konnten sie erkennen, wie sehr sie Vater und Mutter, Schwester und Bruder glücklich gemacht hatten.
- Manche Mutter hat von ihrem Kind gesagt: »Das ist unser Sonnenschein.«
- Müßten wir im Leben nicht viel mehr lächeln? Vielleicht würden wir es tun, wenn wir begreifen könnten, wie sehr wir mit diesem Lächeln eine Sonne für andere sind.
- Die Sonne leuchtet, weil sie lächelt, und sie lächelt, weil sie es gut mit den Menschen meint.

Wer lächelt, wird zur Sonne, weil er dadurch Licht und Wärme spendet.
- Freundliche Menschen können die Welt verwandeln.

Schrifttext

Liebe Brüder, ich schreibe euch kein neues Gebot, sondern ein altes Gebot, das ihr von Anfang an hattet. Das alte Gebot ist das Wort, das ihr gehört habt. Und doch schreibe ich euch ein neues Gebot, etwas, das in ihm und in euch verwirklicht ist; denn die Finsternis geht vorüber, und schon leuchtet das wahre Licht. Wer sagt, er sei im Licht, aber seinen Bruder haßt, ist noch in der Finsternis. Wer seinen Bruder liebt, bleibt im Licht; da gibt es für ihn kein Straucheln (1 Joh 2,7–10).

Gebet

Herr Jesus Christus,
du bist das Licht,
das in die Finsternis strahlt;
du bist das Feuer,
das Wärme spendet;
du bist die Sonne,
die allen Menschen leuchtet.
Weil du gütig und freundlich bist,
lächelst du allen Menschen zu.

Wir aber sind
ernst und kalt,
wir schauen finster drein
und tuen wichtig.
Wir setzen Gesichter auf,
die Distanz fordern
und Macht vorgeben.

Laß uns freundlich zu den Menschen sein.
Gib uns ein ehrliches Lächeln, das
Brücke,
Licht
und Sonne
für die Menschen ist.
Laß uns selbst Sonne sein.

Die alten Mühlen

Zwei alte Wassermühlen haben jahrhundertelang Mehl gemahlen. Sie haben ihre feste Kundschaft gehabt, also ihr Stück Umwelt, mit der sie in Wechselwirkung standen. Mit der Zeit beginnt jedoch die Kundschaft abzubröckeln, da in der Umgebung elektrisch betriebene Mühlen aufgetaucht sind, die das Korn billiger, schneller und feiner zu Mehl verarbeiten. Die Umwelt stört die beiden Mühlen so, daß sie in Gefahr geraten, ihre alten Ziele nicht mehr verwirklichen zu können. Die beiden Mühlen reagieren nun unterschiedlich auf diese Störungen. Die eine Mühle wird völlig umgebaut. An die Stelle des wassergetriebenen Rades treten Elektromotoren, das alte Mahlwerk wird durch eine moderne Maschine ersetzt. Die andere Mühle läßt alles beim alten, gibt jedoch das Mahlen von Mehl auf und läßt ihren ächzenden Leerlauf von neugierigen Touristen gegen gutes Geld bewundern. Bei der ersten Mühle hat sich das Erscheinungsbild völlig geändert. Dem Müller wird es das Herz im Leibe herumgedreht haben. Aber die alten Ziele sind gerettet. Es wird weiter Mehl gemahlen. Bei der anderen Mühle ist alles geblieben, wie es immer war. Doch der Schein trügt, denn die früheren Ziele sind aufgegeben worden; an die Stelle des Mahlens von möglichst viel Mehl ist das Anschauen durch möglichst viele Neugierige getreten.

Lutz Hoffmann

Anregungen für ein Gespräch

- In dieser Geschichte geht es um viel mehr als die Mühlen. Sie sind lediglich der Vordergrund, der einen wichtigen soziologischen Vorgang erklären soll. Die alten Mühlen stehen für Institutionen, die durch ihre Beziehung zur Umwelt Veränderungen unterworfen sind. Solche Institutionen könnten sein: Familie, Staat, Schule, Verein, Verband, Kirche.
- Alle Einrichtungen haben bei ihrer Entstehung eine bestimmte Zielsetzung gehabt. Man könnte sie leicht bei den genannten Institutionen beschreiben. Das Bedenkliche aber ist, daß diese ursprünglichen Zielsetzungen vielfach nicht durchgehalten, sondern durch neue Fragestellungen, andere Bedürfnisse der Menschen oder durch Beeinflussung von außen radikal verändert werden können.
- Wenn einer Veränderung bewußt zugestimmt wird, man also zu dem Ergebnis kommt, die Zeit dieser Institution sei vorbei, ist es richtig und

mutig, nach neuen Aufgaben und Zielen zu suchen. Viele aber meinen, sie könnten die inneren Ziele retten, indem sie das äußere Erscheinungsbild bewahren. Da liegt ein verhängnisvoller Irrtum vor – wie das Beispiel von den alten Mühlen zeigt.

- Eine Institution, die ihre alten Ziele retten will, muß gleichermaßen stabil und flexibel sein, sie muß festhalten und aufgeben, sie muß zwischen dem Wandelbaren und Unwandelbaren, zwischen Inhalt und Form, zwischen Wesentlichem und Unwesentlichem unterscheiden, sie muß den Barren Gold in den Münzen ihrer Zeit prägen.

Kardinal Volk in Mainz hat einmal in einem Gespräch gesagt: »Es geht um die Aktualisierung des Konstanten.« Das ist es!

- Eine Kirche, die diese Fähigkeit nicht besitzt, die nicht loslassen, sondern nur festhalten kann, wird ihre alten Ziele nicht retten können. Sie wiederholt Sätze, die keiner mehr versteht; sie sieht nur sich und nicht mehr die Menschen; sie gibt Steine, aber kein Brot; sie ist nicht mehr das lebendige, wandernde Gottesvolk, sondern ein Museum.

- Wieviele Menschen laufen durch die Kirchen und bewundern ehrwürdige Baustile; wieviele zahlen Eintrittsgelder für Museen und bestaunen alte Kelche und Monstranzen! Die Kirche ist für viele ein Hort der Kunst, aber nicht der Lebenshilfe und geistigen und geistlichen Kraft.

- Eine Kirche, die ihre ursprüngliche Zielsetzung retten möchte, indem sie den Menschen sagt, wie gut Gott ist, muß sich ständig verändern. »Die Kirche ist immer erneuerungsbedürftig«, das ist ein Grundsatz, der vom zweiten Vatikanischen Konzil ausdrücklich bestätigt wurde. Nur im engsten Kontakt mit der Welt und den Menschen, mit ihren Nöten und Fragen, kann sie ihre zeitgemäße Gestalt entwickeln.

Die Kirche muß mit der Welt gleich-zeitig sein! Nur dann ist ihre Verkündigung, ihre Erfahrung, ihr Ethos hilfreich und gefragt.

- Mein früherer Religionslehrer pflegte zu sagen: »Die Kirche ist immer unmodern, und weil sie immer unmodern ist, darum ist sie immer modern.«

Über die Tragfähigkeit dieses Wortes müßte man sprechen. Es zollt dem inneren Gehalt der Kirche hohen Respekt, hält aber wenig von der Weise, wie sie diesen Gehalt den Menschen nahebringt. Die Hoffnung auf die Rückkehr der Menschen zur alten, unmodernen Mühle ist durch nichts begründet. Viel begründeter ist das Regenerationsvermögen der Kirche durch den Geist Gottes. Das Konzil hat den beachtenswerten Versuch unternommen, die Kirche auf die Höhe der Zeit zu bringen.

- Wenn die Kirche an ihren alten Zielen festhalten will, heißt das natürlich nicht, schlechteres Mehl zu mahlen. Sie muß sich jederzeit auf das unaufgebbar Wesentliche, auf den Kern ihrer Botschaft besinnen: Gott

liebt die Menschen; darum lebt Jesus Christus unter uns und schenkt uns Heil und Befreiung. Wir können hoffen und sinn-voll leben.
Das Ziel der Kirche muß darin bestehen, die Menschen in der Tiefe ihrer Existenz glücklich zu machen.

- Nicht nur die Mitglieder der Kirche, sondern vor allem die »Menschen draußen« müssen von der Lebensnotwendigkeit der Kirche überzeugt werden. Diese Überzeugung gewinnt allerdings niemand, für den die Kirche nur eine soziologische, nicht aber auch und vor allem eine geistliche Größe ist.

»Seht, ich bin bei euch alle Tage« (Mt 28,20).

Schrifttext

Aber ich bitte nicht nur für diese hier, sondern auch für alle, die durch ihr Wort an mich glauben. Alle sollen eins sein: Wie du, Vater, in mir bist und ich in dir bin, sollen auch sie in uns sein, damit die Welt glaubt, daß du mich gesandt hast. Und ich habe ihnen die Herrlichkeit gegeben, die du mir gegeben hast; denn sie sollen eins sein, wie wir eins sind, ich in ihnen und du in mir. So sollen sie vollendet sein in der Einheit, damit die Welt erkennt, daß du mich gesandt hast und die Meinen ebenso geliebt hast wie mich (Joh 17,20–23).

Gebet

Herr Jesus Christus,
du hast Jünger um dich gesammelt
und deine Kirche gestiftet.
Du hast zu den Menschen gesprochen
und ihre Nöte erfahren.
Du hast sie
angehört,
getröstet,
geheilt,
beglückt.

Wir sind Glieder deiner Kirche.
Aber es gelingt uns nicht, sie
anziehend,

lebensnotwendig,
sinngebend
und liebenswert
darzustellen.
Wir tun uns schwer,
ihre alten Ziele zu retten.

Steh in deiner Kirche auf!
Laß sie nicht sich selbst suchen,
sondern allein die Menschen,
die nach dir verlangen,
nach deiner Liebe
und nach deinem Leben.

Die kleine Schraube

Es gab einmal in einem riesigen Schiff eine ganz kleine Schraube, die mit vielen anderen ebenso kleinen Schrauben zwei große Stahlplatten miteinander verband. Diese kleine Schraube fing an, bei der Fahrt mitten im Indischen Ozean etwas lockerer zu werden und drohte herauszufallen. Da sagten die nächsten Schrauben zu ihr: »Wenn du herausfällst, dann gehen wir auch.« Und die Nägel unten am Schiffskörper sagten: »Uns wird es auch zu eng, wir lockern uns auch ein wenig.« Als die großen eisernen Rippen das hörten, da riefen sie: »Um Gottes willen bleibt; denn wenn ihr nicht mehr haltet, dann ist es um uns geschehen!« Und das Gerücht von dem Vorhaben der kleinen Schraube verbreitete sich blitzschnell durch den ganzen riesigen Körper des Schiffes. Er ächzte und erbebte in allen Fugen. Da beschlossen sämtliche Rippen und Platten und Schrauben und auch die kleinsten Nägel, eine gemeinsame Botschaft an die kleine Schraube zu senden, sie möge doch bleiben; denn sonst würde das ganze Schiff bersten und keine von ihnen die Heimat erreichen. Das schmeichelte dem Stolz der kleinen Schraube, daß ihr solche ungeheure Bedeutung beigemessen wurde, und sie ließ sagen, sie wolle sitzenbleiben.

Rudyard Kipling

Anregungen für ein Gespräch

- Wer bei einem Flug im Flugzeug seinen Fensterplatz unmittelbar über der Tragfläche hat, kann während des Flugs die vielen kleinen Nieten beobachten, mit denen die einzelnen Platten zusammengehalten werden. Zuweilen schwanken die Tragflächen, vor allem bei starken Luftströmungen, so bedrohlich, daß man sich besorgt fragt: Werden die Nägel und Schrauben diese Belastungen aushalten? Wenn sie herausfallen, bricht die Tragfläche ab und das Schicksal der Fluggäste ist besiegelt.
- Ähnlich ist es bei den Schiffen, deren Rumpf mit kleinen Schrauben zusammengehalten wird. Wer hätte noch nicht die Angst gehabt, daß bei hohem Seegang, wenn das Schiff auf- und absteigt, der riesige Dampfer mitten auf dem Meer auseinanderbrechen könnte? Wir vertrauen unser Leben der Haltbarkeit und »Treue« der kleinen Schrauben an.
- Wie risikoreich unser Leben ist, wie sehr es dem Tode ausgeliefert oder »gehalten« wird, zeigt die Geschichte von der kleinen Schraube, die sich mitten im Indischen Ozean plötzlich in ihrem Bett räkelt und lockerer wird. Kein Passagier weiß etwas von diesem lebensgefährlichen Vorgang; jeder fühlt sich sicher und geborgen. In dieser Krisensituation hängt alles an der Entscheidung der kleinen Schraube.
- Das riesige Schiff steht für menschliche Gemeinschaft, für Familie und Gemeinde, für Verein und Verband, für Kirche und Gesellschaft, für Volk und Menschheit. In jedem Fall handelt es sich um einen Schiffs-leib, einen Organismus, in dem der eine für den anderen lebt; jeder einzelne trägt sich selbst, aber auch den anderen und damit das Ganze.
- Man kann die Entscheidung darüber, ob man an einem Platz aushalten will oder nicht, keineswegs nur von seiner eigenen Lust und Laune abhängig machen. Der Ausfall des einzelnen – und mag der einzelne noch so klein oder unbedeutend sein – kann für das Ganze eine verheerende Wirkung haben.
- Wer seinen Platz aufgibt, sollte auch bedenken, daß er – wie in der Geschichte beschrieben – eine Kettenreaktion auslösen kann. »Wenn du herausfällst, dann gehen wir auch.«
- »Damit der Mensch nicht verloren gehe, tun Personen not, die nicht kollektiviert sind und die sich eben in der Verantwortung nicht vertreten lassen«, sagt der jüdische Religionsphilosoph Martin Buber.
- Heute kommt es auf das Verantwortungsbewußtsein des einzelnen ganz besonders an, weil tragende Institutionen – wie Brauchtum, Sitte, Verhaltensweise, Erbe, Tradition – verschleißen und jeder mehr als in früheren Zeiten auf sich selbst gestellt ist.

• Auch die Tatsache der Erweiterung der Macht im Großen und im Kleinen fordert erhöhtes Verantwortungsbewußtsein. Kardinal Bea hat in seinem Buch »Einheit in Freiheit« geschrieben: »Die Menschen müssen verstehen, daß sie mit gewaltigen Mächten umgehen, welche die kostbaren Gaben des Menschen beeinflussen, seine Vernunft, seinen Willen, seinen Geist. Die Macht zum Guten und die Macht zum Bösen ist ungeheuerlich gewachsen.«

Diese Erweiterung der Macht zeigt sich nicht nur in der Entwicklung der Atomenergie oder im Ausbau von Waffensystemen, sondern auch in der Geschwindigkeit der Autos, der Größe der Flugzeuge, dem Einfluß der Medien, der Kompliziertheit technischer Apparate. Jeder ist der »Versuchung der Macht« ausgesetzt.

Je größer die Macht, um so höher muß das Verantwortungsbewußtsein der Machtinhaber sein. Anders kann Macht nicht gebändigt werden.

• Die Macht gibt neue Möglichkeiten; sie birgt aber auch neue Gefahren in sich.

Wo einer sein Plus hat, dort hat er auch sein Minus.

• Immer wieder sind wir in der Gefahr, uns in uns selbst zu verschließen und im Panzer des Individuums zu verharren. Dabei kommt es gerade heute darauf an, die Enge der persönlichen und sachlichen Interessenssphäre zu überwinden und durch die Mitsorge für die Interessen des andern am Bau des Gemeinwesens mitzuwirken.

Wir müssen lernen, unsere kleinen Fragen im Lichte der großen Zusammenhänge zu sehen.

• Viele Menschen wären bereit, ihren Dienst in einer Gemeinschaft fortzusetzen, wenn sie wüßten, was von ihrem Dienst abhängt. Die gemeinsame Botschaft aller Platten und Schrauben und Nägel unterstreicht in eindrucksvoller Weise das Interesse des Ganzen am Dienst und an der Treue des einzelnen Gliedes – und mag es noch so klein sein.

»Wenn ein guter Mann weggehen will,
womit kann man ihn halten?
Sagt ihm, wozu er nötig ist.
Das hält ihn.« *(Bert Brecht)*

»Man soll nie zuschauen. Man soll Zeuge sein, mittun und Verantwortung tragen. Der Mensch ohne mittuende Verantwortung zählt nicht« *(Exupéry)*.

Schrifttext

Aufgrund der Gnade, die mir gegeben ist, sage ich einem jeden von euch: Strebt nicht über das hinaus, was euch zukommt, sondern strebt danach, besonnen zu sein, jeder nach dem Maß des Glaubens, das Gott ihm zugeteilt hat. Denn wie wir an dem einen Leib viele Glieder haben, aber nicht alle Glieder denselben Dienst leisten, so sind wir, die vielen, ein Leib in Christus, als einzelne aber sind wir Glieder, die zueinander gehören. Wir haben unterschiedliche Gaben, je nach der uns verliehenen Gnade. Hat einer die Gabe prophetischer Rede, dann rede er in Übereinstimmung mit dem Glauben; hat einer die Gabe des Dienens, dann diene er. Wer zum Lehren berufen ist, der lehre; wer zum Trösten und Ermahnen berufen ist, der tröste und ermahne. Wer gibt, gebe ohne Hintergedanken; wer Vorsteher ist, setze sich eifrig ein; wer Barmherzigkeit übt, der tue es freudig (Röm 12,3–8).

Gebet

Herr Jesus Christus,
du bist in die Menschheit eingetreten,
klein,
unscheinbar,
in einem entlegenen Winkel der Welt.
Du hast alle Menschen zusammengebunden
zu einem riesigen Leib.
Du hast gezeigt,
was Dienst und Treue
für das Ganze vermögen.

Wir aber möchten gehalten werden,
aber nicht halten;
bedient werden,
aber nicht dienen;
in die Gemeinschaft aufgenommen werden,
aber nichts in sie einbringen.

Zeige uns,
daß auch die kleinste Schraube,
der einsamste Mensch,

der unsichtbarste Christ
viel bedeuten,
viel bewirken,
viel zusammenhalten,
viel retten kann
mit Verantwortung und Treue.

Wer bin ich?

Wer bin ich? Sie sagen mir oft,
ich träte aus meiner Zelle
gelassen und heiter und fest,
wie ein Gutsherr aus seinem Schloß.

Wer bin ich? Sie sagen mir oft,
ich spräche mit meinen Bewachern
frei und freundlich und klar,
als hätte ich zu gebieten.

Wer bin ich? Sie sagen mir auch,
ich trüge die Tage des Unglücks
gleichmütig, lächelnd und stolz,
wie einer, der Siegen gewohnt ist.

Bin ich das wirklich, was andere von mir sagen?
Oder bin ich nur das, was ich selbst von mir weiß?
Unruhig, sehnsüchtig, krank, wie ein Vogel im Käfig,
ringend nach Lebensatem, als würgte mir einer die Kehle,
hungernd nach Farben, nach Blumen, nach Vogelstimmen,
dürstend nach guten Worten, nach menschlicher Nähe,
zitternd vor Zorn über Willkür und kleinlichste Kränkung,
umgetrieben vom Warten auf große Dinge,
ohnmächtig bangend um Freunde in endloser Ferne,
müde und leer zum Beten, zum Denken, zum Schaffen,
matt und bereit, von allem Abschied zu nehmen?

Wer bin ich? Der oder jener?
Bin ich denn heute dieser und morgen ein andrer?
Bin ich beides zugleich? Vor Menschen ein Heuchler
und vor mir selbst ein verächtlich wehleidiger Schwächling?
Oder gleicht, was in mir noch ist, dem geschlagenen Heer,
das in Unordnung weicht vor schon gewonnenem Sieg?
Wer bin ich? Einsames Fragen treibt mit mir Spott.
Wer ich auch bin, Du kennst mich, Dein bin ich, o Gott!

Dietrich Bonhoeffer

Anregungen für ein Gespräch

• Das ist die Situation: Der bekannte evangelische Theologe Dietrich Bonhoeffer befindet sich wegen »Zersetzung der Wehrkraft« – als Widerstandskämpfer sagen die einen, als Hochverräter sagen die anderen – im Gefängnis der Gestapo. Er ist dem Tod geweiht. Bevor er am 9.4.1945 – wenige Tage vor Kriegsende – nach einer Fahrt durch mehrere Konzentrationslager hingerichtet wird, mußte er vielfache Verhöre, ungerechte Behandlungen, schwere Folter über sich ergehen lassen. Im Sommer 1944, nach dem Aufstand gegen Hitler am 20. Juli, schrieb er im Gefängnis von Berlin-Tegel dieses Gedicht »Wer bin ich?«

• Bei der Frage »Wer bin ich?« läßt er zunächst die anderen antworten, seine Mitgefangenen, seine Freunde, seine Besucher. Sie alle bewundern seine Haltung auf diesem Kreuzweg, sie richten sich selbst an ihm auf. Sie staunen über seine Gelassenheit und Souveränität. Er tritt auf wie einer, der über den Dingen steht. Die Beobachter sehen in ihm einen wirklichen Christen, der seinen »Feinden« ohne Haß gegenübertritt, der sogar freundlich zu ihnen ist. Die Bewacher scheinen mehr Angst zu haben als der Gefangene, sie fühlen sich unfreier als er. Die Außenstehenden erkennen in Bonhoeffer den Märtyrer, der letztlich siegen wird.

• Aber Bonhoeffer hat Zweifel, ob dieses Urteil der andern über ihn richtig ist. Sie urteilen nach dem äußeren Schein, nach seinem Auftreten. Er allein jedoch kennt sein Inneres, seine Ängste und geheimen Gedanken, seine Sehnsüchte nach Freiheit, Leben und guten Menschen; er allein weiß um den Zorn, der ihn über die Macht des Unrechts erfaßt. Die anderen können nicht ahnen, wie sehr er auf das Wunder hofft, das ihn retten soll, wie er besorgt ist um Freunde, wie Zweifel und Verzweiflung in ihm wachsen. Er kennt auch in sich den Zeitpunkt, da man innerlich aufgeben möchte.

• Es wäre gut, wenn auch wir uns zuweilen die Frage: »Wer bin ich?« stellen würden. Sollten wir uns der Meinung der andern anschließen, die uns vielleicht für gut, hilfsbereit, intelligent, gerecht oder ausgeglichen halten? Oder sollten wir mehr der eigenen Meinung folgen, die Ichbezogenheit, Fanatismus, Intoleranz, Gewinnsucht oder Machtstreben in den Vordergrund rückt?

• Bonhoeffer ist unentschlossen, welches Urteil richtiger ist: das eigene oder das der andern. Oder haben vielleicht beide recht? Verhält er sich mal so und mal anders? Heuchelt er vor den Menschen Sicherheit und Ergebenheit? Ist er in Wirklichkeit erbärmlich schwach? Die vielen Fragen quälen ihn.

• Schließlich schiebt er alle Fragen beiseite und führt eine ganz andere Autorität ein; er verzichtet auf seine eigene und die der Außenstehenden und verläßt sich allein auf die Autorität und das Urteil Gottes. »Wer ich auch bin, du kennst mich, o Gott.«

• Der Mensch ist nicht Eigentum des Menschen, sondern Eigentum Gottes. »Dein bin ich, o Gott«, sagt Bonhoeffer. Weil er Eigentum Gottes ist, weil er somit letztlich Gott gehört, ist er auch dem Zugriff der Menschen entzogen.

Der Mensch darf nicht zum Herrn über den Menschen werden!

• Die Frage: »Wer bin ich?« ist eine hochaktuelle Frage an diese Zeit. Welche Auffassung habe ich, haben unsere Zeitgenossen, hat unsere heutige Welt vom Menschen? Die Antwort auf diese Frage hat wiederum Konsequenzen für unser Leben.

Wir verhalten uns eben anders, wenn wir wissen,

– daß der Mensch von Gott geschaffen und damit ihm verantwortlich ist;
– daß er unsterblich und auf Ewigkeit hin angelegt ist;
– daß er eine Würde hat, die in der Gottesebenbildlichkeit gründet;
– daß er wegen der Liebe Gottes zu den Menschen eine unzerstörbare Hoffnung in sich trägt;
– daß er unter einer Verheißung steht und dadurch sein Leben erst einen letzten Sinn bekommt.

So lebt ein Glaubender, der mit Bonhoeffer sagen kann: »Dein bin ich, o Gott.«

Wer aber nicht glaubt, der wird die Frage: »Wer bin ich?« anders beantworten und vielleicht diese Konsequenzen ziehen:

– ich bin gekommen und ich werde vergehen;
– der Tod ist das Ende; kein Weiterleben wird es geben;
– weil das Leben zuende geht, hat es auch keinen absoluten Wert. Im »Notfall« kann darüber sogar von Menschen verfügt werden;

– für mich gilt nicht die Botschaft Gottes von der Liebe, sondern das Gesetz des Ich, das sich durchsetzen muß.

• Bonhoeffers Gedicht: »Wer bin ich?« beinhaltet auch die Frage: »Wer ist Gott?« Gerade der Aufenthalt in den Gestapokellern des Dritten Reiches, aber auch die schrecklichen Vorgänge in der Welt heute: Folter, Unterdrückung, Menschen- und Völkerrechtsverletzung, Ungerechtigkeit, Mißachtung – als ob die Menschen nichts gelernt hätten! –, das alles läßt Gott in einem falschen Licht erscheinen. Gott steht da als der grausame Tyrann, als der verächtliche Zyniker, der alle diese Greueltaten zuläßt. Darum muß die Frage: »Wer ist Gott?« neu gestellt und engagiert besprochen werden.

• Gottes Güte ist in Gefahr, verkannt zu werden, weil es so viele schreckliche Ereignisse in dieser Welt gibt.

Gottes Güte ist in Gefahr, übersehen zu werden, weil keiner weiß, wie diese Schrecklichkeiten beseitigt oder verhindert werden können.

Heute kommt es darauf an – so wie Jesus von Nazareth es getan hat –, viel über die Güte Gottes den Menschen in dieser Welt zu erzählen.

Schrifttext

Gepriesen sei der Herr, der Gott Israels! Denn er hat sein Volk besucht und ihm Erlösung geschaffen; er hat uns einen starken Retter erweckt im Hause seines Knechtes David. So hat er verheißen von alters her durch den Mund seiner heiligen Propheten. Er hat uns errettet vor unseren Feinden und aus der Hand aller, die uns hassen; er hat das Erbarmen mit den Vätern an uns vollendet und an seinen heiligen Bund gedacht, an den Eid, den er unserm Vater Abraham geschworen hat; er hat uns geschenkt, daß wir, aus Feindeshand befreit, ihm furchtlos dienen in Heiligkeit und Gerechtigkeit vor seinem Angesicht all unsre Tage (Lk 1,68–75).

Gebet

Herr Jesus Christus,
du bist Gottes Sohn,
darum weißt du,
wer Gott ist.
Du warst aber auch Mensch
und hast uns gesagt,

daß alle Menschen
Gottes Eigentum sind.
»Dein bin ich, o Gott«,
betet der Gläubige.

Wir aber sehen den Menschen anders:
Wir halten ihn für eine
Schöpfung des Menschen;
wir betrachten ihn
als Eigentum des Menschen;
wir behandeln ihn
wie ein Objekt des Menschen.
Darum beurteilen wir ihn falsch;
ja, oft verfügen wir über ihn.
Bis zu Mißachtung, Unterdrückung und Folter
ist es dann nicht mehr weit.

Gib uns ein neues Verständnis für die Frage:
»Wer bin ich.«
Belehre uns darüber,
wie groß der Mensch durch Gott ist.
Erzähle uns immer wieder
von der Liebe und Güte Gottes
zu den Menschen.

Peter Spangenberg, Die Blume und der Kolibri, aus: ders., Der Stein der tanzenden Fische. (GTB Siebenstern 205). Gütersloher Verlagshaus Gerd Mohn, Gütersloh ^{5}1989.
Wilhelm Willms, Jeder Mensch ist ein König, aus: ders., roter faden glück, Verlag Butzon & Bercker, Kevelaer ^{3}1979.
Bertolt Brecht, Kinderkreuzzug, aus: ders., Gesammelte Werke, Suhrkamp Verlag, Frankfurt am Main 1967, S. 833–838.
Der vierte König, frei nacherzählt nach Edzard Schaper, Der vierte König, Artemis Verlag, Zürich/München 1977.
Rabindranath Tagore, Das goldene Reiskorn, aus: ders., Eine Anthologie, Hyperion Verlag, Freiburg 1961.
Peter Bichsel, Der Milchmann, aus: ders., Eigentlich möchte Frau Blum den Milchmann kennenlernen, Walter-Verlag, Olten 1976.
Marie Luise Kaschnitz, Ein ruhiges Haus, aus: dies., Werke in sieben Bänden, Insel Verlag, Frankfurt am Main 1981–1987.
Marie Luise Kaschnitz, Puppenspieler, aus: dies., Werke in sieben Bänden, Insel Verlag, Frankfurt am Main 1981–1987.
Martin Buber, Sussja, der seine Pfeife raucht, aus: ders., Erzählungen der Chassidim, Manesse-Verlag, Zürich.
Rudolf Otto Wiemer, Chance der Bärenraupe, über die Straße zu kommen, aus: ders., Ernstfall, J. F. Steinkopf Verlag, Stuttgart ^{2}1973.
Erich Kästner, Der Traum vom Gesichtertausch, aus: ders., Gesammelte Schriften, Atrium Verlag, Zürich. © Copyright by Erich Kästner Erben, München.
Allahs Bote, nach Fiedler, aus: Albert Filchner, Kommet Kinder lauschet, Verlag Friedrich Pustet, Regensburg.
Theodore Wedel, Die Rettungsstation, aus: Howard J. Clinebell, Modelle beratender Seelsorge, Chr. Kaiser Verlag/Matthias Grünewald Verlag, München/Mainz ^{2}1973.
Günter Kunert, Wie ich ein Fisch wurde, aus: ders., Erinnerung an einen Planeten, Gedichte, Carl Hanser Verlag, München 1963.
Leo Lionni, Frederick, Gertraud Middelhauve Verlag, Köln ^{24}1980.
Clara Asscher-Pinkhoff, Das Judenkind, aus: dies., Sternkinder, Cecilie Dressler Verlag, Berlin 1961.
Rainer Maria Rilke, Der Panther, aus: ders., Werke in drei Bänden, Bd. 1, Insel Verlag, Frankfurt am Main 1966.
Erich Kästner, Das letzte Kapitel, aus: ders., Gesammelte Schriften, Atrium Verlag, Zürich. © Copyright by Erich Kästner Erben, München.

Reiner Kunze, Wie die Dinge aus Ton, aus: ders., Gespräch mit der Amsel, S. Fischer Verlag GmbH, Frankfurt am Main 1984.

Peter Spangenberg, Alte Boote, aus: ders., Der Stein der tanzenden Fische. (GTB Siebenstern 205). Gütersloher Verlagshaus Gerd Mohn, Gütersloh ^{5}1989.

Peter Spangenberg, Kinderfrage, aus: ders., Der Stein der tanzenden Fische. (GTB Siebenstern 205). Gütersloher Verlagshaus Gerd Mohn, Gütersloh ^{5}1989.

Dietrich Bonhoeffer, Wer bin ich? aus: ders., Widerstand und Ergebung, Chr. Kaiser Verlag, München ^{3}1985.

Verzeichnis der Schrifttexte